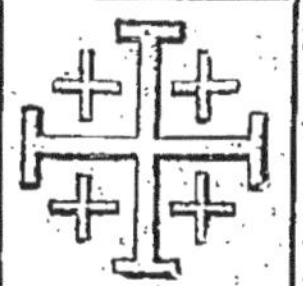

Cte A. COURET

Les Légendes du Saint-Sépulcre

ILLUSTRATIONS DE ALLEAUME

PARIS
Maison de la Bonne Presse
5, RUE BAYARD, 5

LES LÉGENDES

DU

SAINT-SÉPULCRE

Saint-Sépulcre *(État actuel)*.

PRÉAMBULE

LA LÉGENDE ET L'HISTOIRE

Quand les hommes ont élevé, soit à leur propre gloire, soit surtout à celle de Dieu, quelque monument auguste, et que le nouvel édifice, dans son éclat primitif, sa naissante fraîcheur et sa virginale intégrité, drapé dans le blanc manteau de ses vives arêtes et de ses ciselures intactes, élève fièrement vers le ciel, comme pour en percer la voûte et arriver plus près du trône de Dieu, ses coupoles ou ses tours, ses clochers et ses flèches, la foule bat des mains, enthousiaste et irréfléchie, l'architecte sourit avec orgueil, le bourgeois prosaïque admire naïvement et suppute avec effroi le coût de la ruineuse merveille. Mais l'artiste, le philosophe, l'historien et le poète, tout en rendant justice au mérite du nouveau chef-d'œuvre, le considèrent avec quelque tristesse, sentant bien qu'il lui manque encore quelque chose : une dernière parure, une suprême beauté, qui lui viendra sans doute un jour, mais qu'ils ne lui verront pas!..... — Laquelle? — Celle que donnent les années, la patine du temps, l'estompage des jours évanouis, le nimbe d'or ou le voile de deuil que les siècles épris mettent au front des monuments vénérables, comme un témoignage de respect, comme un reflet du passé, une attestation des choses vues, des épreuves subies : en un mot, ce quelque chose d'achevé que l'âge et le malheur communiquent aux édifices comme aux hommes.

Surtout, il manque à la récente création cette gracieuse couronne de petites fleurs, de giroflées couleur d'or, d'œillets sauvages, d'iris bleus, d'églantines et d'herbes folles, ce manteau de lierre, de clématites ou de mousse que la généreuse et poétique nature jette à pleines mains, bouquetière du bon Dieu, sur les monuments séniles, comme une parure et un soutien, comme le voile de la religieuse ou de la fiancée, pour en dissimuler les rides, en décorer les brèches et en voiler pieusement les blessures.

Il en est de même dans l'ordre philosophique et moral, dans le domaine de l'histoire et de la pensée.

Il est, en effet, d'autres fleurs plus précieuses encore, plus durables et plus enviables, fleurs immortelles et mystiques, tribut amoureux des ans et de la piété humaine, larmes tombées du cœur du peuple, fleurs animées, fières et charmantes, fleurs d'idéal, attrayantes comme un sourire à travers les larmes, fleurs de pourpre et d'or que le temps, cet incomparable artiste, ce Michel-Ange surhumain, met au front des monuments séculaires comme le plus beau des diadèmes, comme un titre de noblesse et une suprême parure, comme une goutte de rosée sur le calice de l'anémone, comme la mousse à la rose : ce sont les **Légendes!.....**

Ah! laissez-moi un instant célébrer la **Légende** et sa consolante supériorité sur l'histoire!

Indifférente, barbare, immorale, sans souci du droit ni de la justice, adoratrice banale du succès, l'histoire enregistre les faits sans émotion et sans cœur, s'agenouillant toujours devant la victoire, tressant au triomphateur d'insouciants lauriers, accablant le vaincu de tout le poids de sa défaite! Pour elle, la force prime le droit, pour elle, comme pour le fabuliste cynique :

« *Mieux vaut goujat debout qu'Empereur enterré!* (1) »
Elle est la prose, la réalité brutale, vulgaire et sans entrailles. Il semble que, avec le républicain mourant, on l'entende s'écrier : *Vertu, tu n'es qu'un mot!.....*

La **Légende,** au contraire, la **Légende** est la poésie, la grâce, la revanche, la justice et l'amour. Elle a un cœur et des ailes. Essentiellement généreuse, consolante, chevaleresque et morale, elle est l'idéal, et pendant que, comme l'a dit le poète (2) :

> ..... *L'histoire, écho de la tombe,*
> *N'est que le bruit de ce qui tombe*
> *Sur la route du genre humain,*

la légende, attendrie ou radieuse, sourit, libre et immortelle, dans l'azur enchanté. Elle exerce sur les volontés humaines et sur les événements une influence déterminante. Vraie fille de Dieu, elle récompense les vertus, ranime l'espérance, glorifie le courage malheureux, exalte les vaincus, réhabilite de sa palme tardive le droit violenté et ressuscite les héros tombés l'épée à la main pour la défense de la patrie. Elle donne satisfaction à la con-

(1) La Fontaine, *La matrone d'Éphèse.*
(2) Lamartine.

science publique et répare d'une main pieuse les torts de l'histoire; l'histoire dit ce qui est; la légende ce qui aurait dû être. L'histoire, c'est le jour violent et cru tombant à vif d'une vitre incolore et vulgaire; la légende, c'est la lumière colorée, embellie, poétisée, que tamise suavement l'artistique vitrail aux nuances d'améthyste, de pourpre et de saphir. Sur le ciel sombre de l'histoire, la légende forme comme un arc-en-ciel (1).

Oui, certes, la légende est la plus désirable, la plus noble et sainte parure, le plus rare trésor des illustres et anciens édifices, le plus précieux dédommagement des épreuves qu'ils ont subies, la plus digne récompense des services qu'ils ont rendus et la plus éclatante affirmation des gloires qu'ils incarnent. C'est elle qui donne une âme aux monuments!

Comment donc cette incomparable et suprême beauté, cette exquise parure, ce féerique décor eût-il fait défaut à cet édifice, le plus saint, le plus auguste, le plus émouvant, le plus merveilleux de tous? à celui qui est

(1) On commence à rendre justice à la légende. Naguère, le baron Adolphe d'Avril reconnaissait que, dans la légende, il se cache toujours une part et comme un fragment de vérité; et voici l'hommage que vient de rendre à la légende, dans le numéro du 15 mars 1893 de la *Revue des Deux-Mondes*, un écrivain de grand talent, mais fort peu enclin au mysticisme, M. Georges Duruy : « *Il y a des légendes contre lesquelles l'histoire ne peut rien. Et c'est justice; car elles sont plus vraies que l'histoire même, étant issues d'un secret et profond instinct de la conscience populaire, d'une mystérieuse intuition d'éléments subtils que l'histoire ne retrouve pas plus dans les dossiers de ses archives que le botaniste ne retrouve le parfum de la fleur desséchée dans son herbier.* » (*La sédition du 1er décembre 1789 à Toulon*, p. 870. *Revue des Deux-Mondes*, n° du 15 mars 1893.) — Voir aussi *Quelques mots sur l'origine des Pairs de France*, par FERDINAND LOT, p. 57 du numéro de janvier-février 1894 de la *Revue historique*. (Paris, Alcan, in-8°.)

la base, l'assise palpable et vivante du Christianisme? à la Basilique incomparable et primordiale dont toutes les autres ne sont que la reproduction, le diminutif, l'image affaiblie et décolorée? à cette *Basilique du Saint-Sépulcre*, cœur sanglant de la chrétienté, perle de l'Orient, sublime épopée de pierre baignée à la fois du sang d'un Dieu et du sang des héros, et d'où semble s'élever encore le divin fantôme du Christ?.....

Non, certes, elle ne lui a pas manqué, l'adorable et touchante parure de la légende, bien loin de là!..... La légende! mais elle abonde, Dieu merci! sur la *Basilique du Saint-Sépulcre*. Elle rayonne sur son dôme; elle se penche, palpitante, sur sa tour mutilée; elle s'agenouille, plaintive, sur son parvis; elle se glisse sous ses voûtes disjointes, et s'enlace comme le lierre autour de ses colonnes couleur d'améthyste, œuvre de sainte Hélène; elle sanglote à demi voix dans ses cryptes mystérieuses et enguirlande de son rameau d'or ses augustes et multiples autels! Elle pose sur son faîte la couronne immortelle, la guirlande impérissable de lauriers mystiques, tressée par l'amour des peuples, la munificence des rois, l'épée des capitaines, la piété des foules et l'amour éperdu des pèlerins, par la reconnaissance humaine, la poésie, l'héroïsme et la religion à cette merveille incomparable, à ce vivant trésor, à ce théâtre du plus admirable triomphe qui fût jamais et qu'on appelle: la *Basilique du Saint-Sépulcre!*.....

Ce sont ces légendes, quelques-unes du moins, que nous avons eu la bonne fortune de retrouver dans les vieux chroniqueurs grecs, syriens ou latins, dans les hagiographes, les romans de chevalerie et les pèlerinages d'autrefois (1). Nous les offrons de bon cœur aux futurs pèlerins de Jérusalem. Puissent ces naïfs et émouvants récits leur être agréables, leur faire supporter avec encore plus d'énergie, de dévouement et d'enthousiasme, les fatigues (bien minimes aujourd'hui) (1), inhérentes au voyage d'outre-mer, et exalter encore, exalter jusqu'aux larmes et, s'il le faut, jusqu'au sang, leur amour, leur si légitime et si noble passion pour le *Saint-Sépulcre*, cette « couronne des Chrétiens » (2), ce « *desiderium totius dulcedinis peregrinorum!.....* » (3)

La clarté étant l'âme de tout récit, nous diviserons ces légendes par périodes, suivant les réédifications diverses subies par la *Basilique du Saint-Sépulcre*.

(1) D'autres légendes se rencontreraient certainement dans les pièces conservées à la *Bibliothèque nationale*, département des manuscrits, et dont les *Archives de l'Orient latin* ont donné l'analyse t. II, Ire partie, p. 178-181. (Paris, Ernest Leroux, 1884, gr. in-8) ; ainsi que dans la collection des pèlerinages en Terre Sainte énumérés dans la *Bibliotheca geographica Palaestinae*, etc., de Reinhold Röhricht. (Berlin, H. Reuther's verlagsbuchhandlung, 1890, in-8°.)

(1) Sur les misères et les souffrances des anciens pèlerins, voir : *Les pèlerinages d'autrefois en Terre Sainte*, par A. Couret, ancien magistrat, avocat à la Cour d'appel d'Orléans. (Orléans, Herluison, 1893, in-12.)

(2) *Fratris Felicis Fabri Evagatorium*, etc., t. II, p. 247. (Stuttgardiæ, 1843, 3 vol. in-8°.)

(3) Albert d'Aix, *Historia hierosolymitana*, lib. VI, cap. xxvii.

LES LÉGENDES

DU

SAINT-SÉPULCRE

CHAPITRE PREMIER

BASILIQUE DE CONSTANTIN
326-614.

La *Basilique du Saint-Sépulcre* n'est pas encore assise dans le sol, que déjà la légende s'en empare comme de son apanage et de sa patrie.

Transportons-nous, par la force magique de la pensée, par le coup d'aile olympien de l'imagination, à quinze cents ans en arrière, oublions à la fois et les siècles écoulés et les temps présents si misérables et si tristes : nous sommes à *Jérusalem*, au mois de décembre de l'année 326 (1).

(1) L'arrivée de sainte Hélène à Jérusalem doit se placer, soit au mois de *décembre 326*, soit au mois de *janvier 327*. En faveur de la

I

JÉRUSALEM AU IVe SIÈCLE

326.

Jérusalem n'est plus la ville orientale — un peu grécisée — qui vit, entendit, admira et crucifia Notre-Seigneur Jésus-Christ, avec son temple de marbre blanc surmonté d'aiguilles d'or, gloire de l'Asie et merveille du monde, ses palais aux pilastres corinthiens, sa haute tour Antonia « l'espionne de la Judée, » et ses tombeaux ciselés dans le roc, funèbre et artistique demeure de morts mystérieux. C'est une ville gréco-romaine, païenne, froide et correcte, pompeuse et régulière, reconstruite par Hadrien à l'image de Rome, sur les débris ensanglantés de la petite forteresse improvisée par les Juifs durant l'insurrection un instant victorieuse (1) du *Fils de l'étoile* (2). Même, elle a perdu son vieux nom, illustre

date de *décembre 326*, on peut citer : M. de Vogüé, *Les églises de la Terre Sainte*, p. 126 (Paris, Didron, 1860, in-4°); le très regretté Victor Guérin, *Jérusalem, son histoire, sa description, ses établissements religieux*, p. 125 (Paris, Plon, 1889, in-8°) ; M. l'abbé Toupin, *Histoire de sainte Hélène, mère de l'empereur Constantin*, p. 325 (Tours, Cattier; Paris, Larcher, 1882, in-8°); Rohault de Fleury, *Mémoires sur les instruments de la Passion de Notre-Seigneur Jésus-Christ*, p. 45 (Paris, Lesort, MDCCCLXX, in-4°); Couret, *la Palestine sous les empereurs grecs, 326-636*, p. 14 et suivantes (Grenoble, Allier, 1869, in-8°) ; Georges Goyau, élève de l'École Normale supérieure, *Chronologie de l'Empire romain*, p. 413 (Paris, C. Klincksieck, 1891, in-12). — Au contraire, la date de *janvier 327* est adoptée par M. de Broglie, *l'Église et l'Empire romain au IVe siècle. Première partie. Règne de Constantin*, t. II, p. 117 (Paris, librairie académique Didier et Cie, 1867, in-8°); ainsi que par M. Victor Duruy, *Histoire des Romains depuis les temps les plus reculés jusqu'à la mort de Théodose*, nouvelle édition (Paris, Hachette, 1885, in-8°) t. VII, p. 208.

(1) Sur cette révolte des Juifs sous Hadrien, voir l'intéressante étude intitulée : *Die Münzpräungen während des letzten Aufstandes der Israeliten gegen Rom.*, etc., Von Leopold Hamburger (Berlin, 1892. Druck von W. Pormetter, in-8°), p. 55 et suivantes.

(2) Le véritable nom du chef de l'insurrection judaïque paraît avoir été « fils de Coziba » ou même « natif de *Kesib*, » bourgade de la

résumé de ses gloires éteintes et de son grandiose passé. Elle s'appelle *Ælia Capitolina*, et relève, au point de vue administratif, politique, judiciaire et militaire, de la grande métropole de *Césarée* (1), fondée par Hérode le Grand sur la côte d'azur de la Méditerranée, au pied des ruines de l'antique *Tour de Straton*. Un pourceau, sculpté dans un bloc de marbre au-dessus de chacune des portes, forme, en haine des Juifs, le blason de la nouvelle cité (2).

II

SAINTE HÉLÈNE A JÉRUSALEM

Décembre 326 (3).

Mais pourquoi cet émoi dans Jérusalem, cette émotion dans le clair obscur du bazar, cette consternation des uns, cette allégresse du petit nombre de chrétiens d'origine grecque ou syrienne admis à résider sur le plateau du mont Sion, cet effroi de la petite colonie judaïque parquée en dehors des murs dans le faubourg sordide de Galilée? Pourquoi le *Tribun* romain, à la tête de ses cavaliers auxiliaires et des garnisons de Palestine, et le *Curator reipublicæ*, précédé de ses appariteurs, sortent-ils en hâte du prétoire et se dirigent-ils vers la porte de *Naplouse* (4), pendant que, de son côté, l'évêque saint

frontière Nord de la Galilée (p. 64, 67, 69 de l'étude précitée). Le nom de *Fils de l'étoile* ou de *Fils du mensonge* aurait été un simple surnom donné au patriotique insurgé par l'enthousiasme d'abord, puis par le désespoir populaire.

(1) *La Palestine sous les empereurs grecs, 326-636*, par ALPH. COURET, p. 2 et 3. (Grenoble, imprimerie Allier, 1869, in-8°.)

(2) *Ælia Capitolina*, par le R. P. GERMER-DURAND, p. 369 à 387, numéro du 3 juillet 1892 de la *Revue biblique trimestrielle*. (Paris, Lethielleux, in-8°.)

(3) La tradition de l'Église de Jérusalem plaçait la découverte de la sainte Croix le 18 des Kalendes d'octobre, c'est-à-dire le 14 septembre. (*Theodosius, de Terra sancta*, § 5.)

(4) La porte actuelle de Damas paraît s'être appelée alors *porte de Neapolis* ou de *Naplouse* (*Itinerarium a Burdigala Hierusalem usque*,

Macaire « le bienheureux » (1), revêtu de son pallium d'or, présent de Constantin (2), suivi d'un nombreux clergé et des évêques de la province, avec la croix et les encensoirs, marche-t-il à pas rapides par d'autres rues vers le même point ? Quel événement se prépare?.....

Ah ! certes, un événement capital et qui va transformer à jamais les destins de Jérusalem et le sort matériel du *Saint-Sépulcre* !.....

Entendez-vous, du côté de la porte de *Naplouse,* par la voie romaine aux dalles glissantes qui descend de l'échancrure évasée séparant le Scopus du mont des Oli-

viers, entendez-vous le son clair et joyeux des trompettes d'argent de la garde impériale, sonnant la fanfare de la bonne arrivée ?..... Déjà l'on aperçoit, à travers un nuage de poussière, les armures d'or et d'argent des *Domestici* (3) impériaux escortant une litière d'ivoire

p. 18 des *Itinera et descriptiones Terræ Sanctæ lingua latina sæc.* IV-XI *exarata sumptibus societatis illustrandis Orientis latini monumentis, edidit T. Tobler,* t. I, p. 16 et suiv. *Genevæ, typis J.-G. Fick, 1877*). Plus tard, elle s'est appelée *porte de Galilée* (*Theodosius, de Terra sancta,* note 10, p. 66 de l'ouvrage précité), et aussi porte de *Césarée, Joppé ou Diospolis.* (*Antoninus martyr, de Locis sanctis,* § XXV, p. 105, même ouvrage.)

(1) Théodoret, *Histoire ecclésiastique,* II, 3. — Saint Athanase, *Epist. ad Episcopos Ægypti et Lybiæ.* (Migne, *Patrol. grecque,* t. XXV.)

(2) Théodoret, II, 27.

(3) De Broglie, *l'Église et l'Empire romain au* IV*e siècle.* Première partie. Règne de Constantin, t. II, p.

tendue de rideaux de pourpre. Devant cette litière, le *Tribun* salue de son épée et fléchit le genou, pendant que la croix d'or s'incline, que les encensoirs de vermeil balancent leur nuage embaumé, que les enfants de chœur jonchent le sol de poignées de cyclamens et de lauriers-roses et que les évêques, de leur voix musicale et profonde, entonnent l'*Alleluia* des jours d'allégresse.

Cependant, la litière s'arrête, les eunuques font glisser les rideaux de pourpre sur leur tringle d'or, ouvrent les portières incrustées d'écaille et de nacre. Il en sort une femme pâle, âgée, de haute taille, aux vêtements de crêpe, aux yeux rougis de larmes et portant sur ses traits amaigris, avec les vestiges d'une incomparable beauté, les irrécusables stigmates d'une profonde douleur. Elle s'agenouille devant l'évêque de Jérusalem et lui demande pieusement sa bénédiction.

C'est *sainte Hélène* (1), la mère de l'empereur Constantin : cette ancienne fille d'auberge, mémorable exemple des vicissitudes humaines, dont le sort, par un prodigieux coup de dé, a fait la femme morganatique de Constance Chlore, le pâle César des Gaules, et la mère du maître actuel du monde romain !..... La profonde douleur qui se lit sur ses traits est le poignant tribut payé par son cœur d'aïeule au meurtre de son petit-fils Crispus, exécuté, il y a quelques mois à peine, par l'ordre sacrilège de son père Constantin, abusé, comme jadis le légendaire Thésée (2), par une infâme calomnie.

Elle vient à Jérusalem chercher l'adoucissement de son impérissable deuil, le pardon de son coupable fils et l'apaisement de l'effroyable scandale donné au monde

(1) *La persécution de Dioclétien et le triomphe de l'Église*, par PAUL ALLARD, t. Ier, p. 89, note 1 et 90. (Paris, Victor Lecoffre, 1890, gr. in-8°.)
(2) ZONARE, *Annales*, lib. XIII, col. 1106 du tome CXXXIV *de la Patrologie grecque.*

civilisé — à la grande joie des païens, — par ce double et inexpiable assassinat d'un fils par son père et d'une femme par son époux (1). L'empereur lui a confié ses pouvoirs, ouvert ses trésors et mis à ses ordres et comme à ses pieds toutes les forces de l'Empire.

.....Elle veut découvrir le *Calvaire* et le *Saint-Sépulcre,* et retrouver la *sainte Croix.*

Conduite par l'évêque, l'impératrice-mère parvient sur le théâtre de la *Passion* dissimulé sous les terrasses artificielles construites deux cents ans auparavant par l'empereur Hadrien. Sur ces terrasses, s'élève un bois sacré à la sombre ramure : cyprès aux longs fuseaux, cèdres à l'épais parasol, pins aux aiguilles aiguës, acacias aux grappes embaumées, abritant, sous leur ombre opaque et maudite, deux chapelles païennes, deux *khoubbès* gréco-romaines, l'une renfermant la statue de Jupiter, l'autre l'effigie de Vénus.

Étendant le bras vers les deux infâmes sanctuaires, sainte Hélène fait un geste !..... Elle n'a pas encore parlé : déjà on est à l'œuvre ! Le peuple tout entier, associé dans un même élan et l'espoir d'un fort *bacchich* avec les fellahs d'alentour et les soldats de la garnison, se rue sur les *khoubbès,* abat le bois sacré, brise les statues, met en pièces les ex-voto, bouleverse les terrasses, fouille le sol jusqu'au roc primitif, et enfin, rend au jour les deux augustes monuments, trésors sans prix miraculeusement préservés. C'est d'abord le *Calvaire,* monticule abrupt, sorte de promontoire de rocher haut de quinze pieds, avec sa cime fendue par le tremblement de terre du Vendredi-Saint et sa base fouillée au ciseau pour former la crypte mystérieuse dite *Chapelle d'Adam.* Puis, un peu plus bas, sur la gauche, à quatre-vingts pas

1 ((ALPHONSE DANTIER, *Les femmes dans la société chrétienne* (Paris, Didot, 1879, gr. in-8°), t. Ier, p. 178 à 184.

Sainte Hélène.

environ, le *Saint-Sépulcre,* avec sa forme conique et sa double chambre funéraire. Enfin, plus bas encore, sur le déclin de la colline, la vaste *Citerne judaïque,* comblée de pierres et de déblais, et renfermant encore les instruments de la *Passion!.....* (1) La chrétienté tout entière salue cette inappréciable découverte d'un immense cri d'enthousiasme et d'amour.

III

LA DOUBLE INVENTION DE LA SAINTE CROIX

Décembre 326.

Vous demandiez la *Légende!* La voici qui accourt de ses ailes de fée et apparaît avant même que soit posée la première pierre de la *Basilique du Saint-Sépulcre!* Une tradition syriaque, récemment publiée dans son texte original (2), prétend que peu d'années après la mort du Christ, la Sainte Croix aurait été une première fois retrouvée, au fond même de la crypte du *Sépulcre,* par une impériale dame : la divine Protonice, convertie par saint Pierre et femme d'un prétendu Claudius César (le futur empereur Claude), que Tibère aurait associé à l'Empire en récompense de certaine

(1) Sur ces fouilles et découvertes, voir : *Les églises de la Terre Sainte,* par le comte Melchior de Vogüé, p. 126 et suivantes (Paris, Victor Didron, MDCCCLX, in-4), et l'*Histoire de sainte Hélène, mère de l'empereur Constantin,* par M. l'abbé H. C. Toupin, ch. VII, p. 147 à 160. Voir aussi le précieux récit de l'*Invention de la Sainte Croix,* intitulé : *D. Leonis, cognomento Philosophi, Imperatoris Constantinopolitani ad Omarum Saracenorum regem, De fidei Christianæ veritate, ac mysteriis et de variis Saracenorum hæresibus et blasphemiis Epistola,* p. 44 à 47 du tome XVII de la *Maxima bibliotheca patrum,* etc. (*Lugduni, apud Anissonios,* MDCLXXVII, in-fol.) — Saint Paulin de Nole, Epist. 31, col. 328, 329 du tome LXI de la *Patrologie latine* de l'abbé Migne.

(2) Eberhard Nestle, *De sancta cruce. Ein Beitrag zur christlichen legendengeschichte,* p. 7 à 20 (Berlin, *H. Reuther's verlagsbuchhandlung,* 1889, brochure in-8° de 128 pages).

victoire sur les Espagnols révoltés. Plus tard, la malice des Juifs aurait enfoui de nouveau à quelques pas plus loin, dans les profondeurs d'une citerne comblée, ce sublime trophée de la Rédemption humaine, et sainte Hélène aurait eu seulement la gloire de l'exhumer pour la seconde fois (1).

Une autre légende, provenant de la même source, mais reproduite par les annalistes grecs et latins, assure qu'un noble Juif des environs de Jérusalem, *Judas,* petit-neveu du bon Zachée et du diacre saint Étienne, le premier des martyrs, possédait par héritage de famille le secret de l'ensevelissement de la Croix, mais que, pour délier sa langue astucieuse et timide, il fallut le plonger durant sept jours dans une citerne aride. Quand, enfin, vaincu par la mort imminente, il se décida à révéler le secret jaloux qu'il gardait au fond de son cœur, la foudre éclata, une voix céleste retentit du haut des cieux et une vapeur embaumée, jaillissant du sein de la terre, indiqua le point précis où gisait la Sainte Croix. Cependant que, dans les profondeurs du sol devenu transparent, les clous apparaissaient, brillant comme l'or le plus pur!..... Converti par ce double miracle, *Judas,* baptisé et changeant son nom en celui de *Cyriaque,* serait ensuite devenu évêque de Jérusalem (2).

(1) EBERHARD NESTLE, *De sancta cruce. Ein Beitrag zur christlichen legendengeschichte,* p. 7 à 20. — SAINT GRÉGOIRE DE TOURS, *De gloria martyrum,* lib. I, c. 5 et 6, col. 709 à 712 de la *Patrologie latine* de l'abbé MIGNE, t. LXXI. — *Histoire de sainte Hélène, mère de l'empereur Constantin,* par M. l'abbé H. C. TOUPIN. Note E. *Sur trois légendes concernant la découverte de la vraie Croix,* p. 326 à 329. — *Les origines de l'Église d'Édesse* et la *Légende d'Abgar,* etc., par L.-J. TIXERONT, appendice, p. 176 à 191. (Paris, Maisonneuve, 1888, in-8°.)

(2) NESTLE, *De sancta cruce,* p. 21 à 36; 41 à 50; et 55 à 64. — *Eutychii patriarchæ Alexandrini annales,* col. 1008 à 1010 du tome CXI de la *Patrologie grecque* de l'abbé MIGNE. — *Histoire du bon Larron, dédiée au* XIXe *siècle,* par Mgr GAUME, protonotaire apostolique, docteur en

Salut, aimable et pieuse légende, colombe de l'arche, tendre et fidèle, qui, lorsque l'histoire infirme et sceptique doute, hésite ou ricane, viens généreusement, ardente et convaincue, viens apporter ta palme triomphale, ta branche de lys embaumé pour décorer le *Sépulcre* et parer l'adorable gibet du Christ! Sois à jamais bénie!.....

IV

LE MARTYRION OU LA BASILIQUE SANS PAREILLE (1)

Mars ou avril 327 — 17 septembre 335.

Sur ce triple emplacement du *Calvaire,* du *Saint-Sépulcre* et de la *Citerne où gisait la sainte Croix,* sainte Hélène et Constantin élevèrent une Basilique merveilleuse (2), chef-d'œuvre de l'Empire romain à son apogée, monument admirable et à jamais regretté de leur magnificence, et surtout solennelle et permanente expiation du meurtre juridique du Christ et de l'exécution du malheureux Crispus.

Un vaste mur d'enceinte, haut, silencieux et fermé comme un rempart de forteresse, construit en pierres de choix taillées en bossage, et orné, le long de son

théologie (Paris, Gaume et Duprey, 1868, in-12), p. 313 à 318. — *Acta Sanctorum Boll.* Mai I, p. 443 à 456 et surtout 450 à 453. — La fête de saint Cyriaque ou Quiriace s'est longtemps célébrée à la cathédrale d'Orléans. *Les premiers évêques d'Orléans,* par CH. CUISSARD, § 11, p. 167. *Extrait des mémoires de la Société archéologique et historique de l'Orléanais,* t. XXI. (Orléans, Herluison, 1886.)

(1)..... κελεύσας οὕτως κτισθῆναι τοὺς ἁγίους τόπους, ὡς μὴ εἶναι τοιαύτην καλλονὴν ἐν ὅλῃ τῇ οἰκουμένῃ. (S. THEOPHANIS *chronographia,* A.-C. 317, *Patrol. grec.,* t. CVIII, col. 112.)

(2) *Ibidem modo iussu Constantini imperatoris basilica facta est, id est, dominicum mire pulchritudinis, habens ad latus exceptoria, unde aqua levatur, et balneum a tergo, ubi infantes lavantur.* (*Pèlerin de Bordeaux* dans les *Itinera et descriptiones Terræ Sanctæ lingua latina sæc. IV-XI exarata,* etc., edidit T. Tobler. (*Société de l'Orient latin*) t. I, p. 18. (Genevæ, typis J.-G. Fick, 1877, in-8°.)

pourtour intérieur, de cloîtres, de colonnades et de galeries couvertes, suivit la déclivité de la colline, dessinant un quadrilatère irrégulier et enfermant dans son impénétrable enceinte la *triple Basilique,* entrecoupée de portiques *(atrium),* de massifs de verdure, d'escaliers de marbre et de piscines à l'eau clairvoyante.

Je dis la *triple Basilique* (1), car chacun des trois sanctuaires précités : le *Saint-Sépulcre,* le *Calvaire* et la *Citerne de l'invention de la Croix,* furent enchâssés, comme des joyaux, dans l'enveloppe étincelante et le reliquaire protecteur d'une église distincte, de forme et d'étendue différente, mais où l'art byzantin, se surpassant lui-même, avait déployé toutes ses splendeurs et son faste le plus raffiné.

Malheureusement, de regrettables mutilations achetèrent bien chèrement cette impériale et officielle magnificence. Le *Calvaire* et le *Saint-Sépulcre,* par une pieuse barbarie et un respectueux vandalisme, furent taillés, découpés, rétrécis, perfectionnés, comme on taille un diamant brut pour en multiplier les facettes et les feux. On en fit deux massifs de pierres réguliers et isolés, deux édicules, deux pompeuses chapelles revêtues de porphyre, de pierreries, de bijoux et d'incrustations d'or et d'argent (2), mais on leur ôta leur aspect primitif,

(1) Depuis la récente découverte du pèlerinage de Sainte-Sylvie, on ne peut plus douter que la *Basilique de Constantin* — contrairement à l'opinion du savant M. de Vogüé, — ne se composât de *trois sanctuaires distincts.* — Voir aussi *Eutychii annales,* col., 1083 du tome CXI de la *Patrologie grecque* de l'abbé Migne, *Lettre du moine Antiochus à l'abbé Eustache d'Attalines,* col. 1427 du tome LXXXIX de la *Patrologie grecque,* et *S. Theophanis chronographia,* A. C. 317. (*Patr. Gr.,* t. CVIII, col. 112.) — D'après Tixeront, p. 166, note 1, il n'y aurait eu que *deux Églises :* certains textes prêtent un appui sérieux à ce sentiment.

(2) Sur cette Basilique incomparable (c'est l'expression de l'historien Théophane), on doit consulter, outre la description très confuse d'Eusèbe de Césarée (*Vita Constantini,* III, 29 à 40, t. XX de la *Patrologie grecque* de l'abbé Migne), le *Breviarius de Hierosolyma,* p. 57

leur forme si auguste, leur figure originaire et indiscutable, plus précieuse mille fois que tous les embellissements et les trésors du monde entier (1).

Cette réserve faite, c'était, il faut en convenir, un superbe édifice que la *Basilique du Grand Constantin*, avec ses trois églises d'inégale structure et de niveaux différents, ses autels d'orfèvrerie, ses balustrades et ses revêtements de métal précieux, ses colonnes cannelées surmontées de fleurs de lis de bronze, d'amphores d'argent ou de chapiteaux d'albâtre oriental, ses soleils et ses crucifix d'or pur, ses mosaïques édifiantes, et ses charpentes de cèdre ciselé à jour et doré; avec ses cloîtres aux nobles colonnades, ses parvis de marbre multicolore, ses quinconces de cèdres, et ses baptistères d'eau limpide, dominés par la coupole échancrée du Saint-Sépulcre (2) et réunis sous l'égide sévère d'un mur de citadelle large, puissant et inaccessible comme celui de Saint-Sabas, de Sainte-Croix de Jérusalem ou de Sainte-Catherine du Sinaï!..... Son aspect arracha un cri d'admiration au monde gréco-romain, difficile, cependant, en fait de merveilles.

Ce cri, répété durant trois siècles par toutes les voix

et 58 des *Itinera et descriptiones Terræ Sanctæ lingua latina sæc. IV-XI exarata sumptibus societatis illustrandis Orientis latini monumentis, edidit* T. Tobler. t. I, (Genevæ, Typis J.-G. Fick, 1877, in-8°); *Theodosius, de Terra sancta*, p. 63, 64 du même ouvrage; *Antoninus martyr, de locis sanctis*, § 18, 19, 20, p. 101 et 102 du même ouvrage et p. 368 à 370 des *Itinera Hierosolymitana et descriptiones Terræ Sanctæ bellis sacris anteriora*, etc. I, 2. (Genevæ, typis J.-G. Fick, 1880, in-8°.)

(1) La plus récente étude sur cette Basilique est l'article de J. R. MACPHERSON dans la Revue : *The English Historical Review edited by S. R. Gardiner* (London, Longmans, Green, and Co), n° 27, vol. VII July, 1892, p. 417 et suiv., et intitulé : *The Church of the Resurrection, or of the Holy Sepulchre*. — On peut voir aussi les quelques lignes consacrées tant à la découverte du *Calvaire* et du *Saint-Sépulcre* qu'à l'édification de la Basilique dans *The Edinburgh Review, or critical journal : n° 363. January 1893*, p. 66 : *The Pilgrims of Palestine*.

(2) *L'église du Saint-Sépulcre* était déjà de forme circulaire (*Breviarius de Hierosolyma*, p. 58).

de la chrétienté, fut proféré pour la première fois (en 333) par un pèlerin français : *le Pèlerin de Bordeaux* (1) et redit cinquante ans après (385-388) par une religieuse française : *sainte Sylvie* (2).

V

LES PÈLERINAGES EXTRAORDINAIRES (3)

Des marais de la verte Irlande au plateau brûlé de la Susiane, de la Seine bourbeuse et de la Garonne indocile à l'Euphrate et au Tigre, du Caucase orgueilleux aux monts sauvages de Cornouailles et d'Écosse et aux *sierras* de l'indomptable Espagne, les pèlerins accoururent pieux, intrépides et ravis. Le moine breton saint Cadoc, en robe noire et le crâne rasé, et l'archevêque gallois saint David se rencontraient dans l'*atrium* du *Saint-Sépulcre* avec le roi Tatian d'Ibérie et l'empereur Justinien, venu incognito à Jérusalem; les cheiks arabes, parents de Mahomet, drapés dans leur abayeh à raies noires et blanches, y coudoyaient les légats du Saint-Siège en soutane écarlate; sainte Maure et sainte Bri-

(1) Les premiers admirateurs de la nouvelle Basilique, encore inachevée, furent les moines envoyés en 330 par l'évêque d'Orléans, saint Euverte, pour rapporter des reliques de la vraie Croix. (*Lucifer subdiaconus, vita S. Evurtii aurelianensis episcopi, cap.* II, n° 13, dans *Acta sanctorum Boll.*, 7 septembre, III, p. 56.)

(2) *S. Hilarii tractatus de mysteriis et hymni, et S. Silviae aquitanae peregrinatio ad Loca Sancta, quæ inedita ex codice arretino deprompsit Ioh. Franciscus Gamurrini*, etc. (*Romæ, ex typographia Pacis Philippi Cuggiani, 1887, in-4°*), pages 76, 77, 78, 79, 80, 82, 83, 86, 86, 90, 92, 93, 94, 95, 96, 99, 100, 103, 108.

(3) Sur tous les détails que nous donnons ci-après et dont aucun n'est imaginé par nous, voir : 1° *La Palestine sous les empereurs grecs, 326-636*, par ALPH. COURET, p. 22, 35, 77 à 80, 99, 105, 216 à 225. (Grenoble, imprimerie Allier, 1869, in-8°). — 2° *Itinera Hierosolymitana et descriptiones Terræ Sanctæ bellis sacris anteriora et latina lingua exarata, sumptibus societatis illustrandis Orientis latini monumentis, ediderunt Augustus Molinier et Carolus Kohler*, t. II, pars 1, 30-600. (Genevæ, typis J.-G. Fick, 1885, in-8.)

gitte, filles du roi d'Écosse Ella, y saluaient l'abbé Probus, chargé par le pape saint Grégoire le Grand de fonder un hospice sur le mont des Oliviers, et le franck Réoval, envoyé par sainte Radegonde pour obtenir des reliques, y conversait avec les ambassadeurs du roi des Éthiopiens, venant offrir au *Saint-Sépulcre* la couronne de leur souverain. Les impératrices en disgrâce et les grandes dames de Rome et de Byzance s'y agenouillaient sans pruderie à côté des danseuses converties et des courtisanes repentantes; l'évêque de Paris saint Germain, l'évêque de Vannes saint Paterne, et le vicomte d'Orléans saint Ay y conféraient avec les évêques persans d'Amide et de Séleucie; les comtes byzantins, en chlamyde de pourpre, s'inclinaient devant les solitaires d'Égypte à peine couverts d'une tunique en fils de palmiers; les moines d'Édesse et de Constantinople et les religieuses de Damas, y achetaient, sur le parvis du *Saint-Sépulcre,* des images miraculeuses de la Vierge (1) ; les délégués des Églises d'Afrique y venaient solliciter des parcelles de la vraie Croix (2), et les chevaliers de la Table Ronde, cachant leur épée sous un manteau sombre, y demandaient à genoux la victoire sur le Saxon abhorré !

(1) L'une de ces images devint la célèbre *Notre-Dame de Sardenay* ou *Notre-Dame de la Roche*, près Damas. (*Itinera Hierosolymitana et descriptiones Terræ sanctæ*, etc., t. II, pars. I, p. 256 à 266.) — Sur *Notre-Dame de Sardenay*, voir le très intéressant et savant ouvrage de M. le Bon Rey, intitulé : *Les Colonies franques de Syrie aux* XIIe *et* XIIIe *siècles* (Paris, Picard, 1883, in-8°), p. 291 à 296. — Voir aussi *Ludolphus de Sudheim, De itinere Terræ Sanctæ* dans les *Archives de l'Orient latin* t. II, *Documents*, § 3, *Voyages*, p. 361. (Paris, Ernest Leroux, 1884, gr. in-8°.)

(2) ACADÉMIE DES INSCRIPTIONS ET BELLES-LETTRES. *Séance du 23 mai 1890*, communication de M. GEFFROY sur une inscription de l'église de Tixter près Sétif, constatant que, dès 350, cette église possédait une parcelle de la vraie Croix, de la terre de Bethléem et diverses reliques. — De même, *Séance du 6 décembre 1889*. (*Revue de l'histoire des Religions*, n[os] de mai-juin 1890, p. 356 et de novembre-décembre 1889, p. 371. Paris, Leroux, 1889 et 1890, in-8°.)

A ce rendez-vous unanime, à ce concours enthousiaste, la légende, la sainte et fidèle légende — qui déjà, la première, avait salué l'avènement de la vraie Croix, — ne pouvait faire défaut. De ses bras amoureux, de son accolade enchanteresse, elle étreignit, à peine achevée,

elle embrassa la *Basilique du Saint-Sépulcre* pour lui donner une âme. Elle l'enlaça de la guirlande fleurie de ses poétiques et touchants souvenirs. Comme la statue antique, la Basilique tressaillit à cette étreinte, s'humanisa et devint comme un être vivant, doué d'une clairvoyance miraculeuse, d'une volonté surhumaine et d'un cœur inflexible pour l'hérétique, le coupable et les grands de ce monde; plein de miséricorde et d'amour pour l'opprimé, le repentir et le malheur; ouvrant de lui-même ses portes ou les fermant à ses hôtes; s'illuminant spontanément pour fêter les pèlerins illustres; et empruntant aux anges leur voix prophétique pour promettre, en de mystérieuses harmonies, la victoire aux princes valeureux, défenseurs de la religion et de la patrie!.....

VI

SAINT ATHANASE ET LA DÉDICACE (1)

Septembre 335.

Fidèle interprète du sentiment populaire, la légende ne veut pas que ce soit — comme l'affirme la morose et fataliste histoire, esclave du fait accompli — une assemblée d'évêques hérétiques, valets de cour, thuriféraires de César et mendiants des faveurs impériales, qui ait consacré cette *Basilique auguste du Saint-Sépulcre*, merveille du monde, cœur de la chrétienté et gloire de l'Asie romaine..... Non, dit-elle, c'est saint Athanase lui-même, le grand saint, l'évêque au cœur de lion, le Père de l'Église à l'invincible courage, l'admirable athlète en qui s'incarna, durant quelques années, l'âme de la catholicité, qui, fuyant le Concile de Tyr, où il venait d'être injustement condamné, a seul, la nuit, misérable et persécuté, mais secouru par les anges, consacré de sa main la *Basilique du Saint-Sépulcre*, trop noble et trop belle pour être bénite par un Congrès abject d'évêques hérétiques !.....

(1) *S. Theophanis chronographia*, A. C. 327. (*Patrologie grecque* de MIGNE, t. CVIII, col. 124.) — *Eutychii annales*, col. 1012. (*Patrol. grec.* t. CXI.) — Le moine ALEXANDRE, *De inventione sanctæ Crucis*. (*Patrol. grec.*, t. LXXXVII, *pars tertia*, col. 4066.)

Touchante pensée, instinctive et philosophique harmonie, de faire ainsi dédier par un proscrit sublime cette Basilique généreuse, teinte du sang de la grande Victime, et destinée à être, durant trois siècles, par une sorte de Trêve de Dieu, l'asile des proscrits, le refuge des misérables, et l'abri tutélaire de l'infortune imméritée et du crime repentant (1) !

VII

SAINT NICOLAS DE MYRE (2)

291 ou 336.

Voyez venir ce pèlerin âgé et presque infirme, appuyant sur un bâton de cèdre ses pas affaiblis ! Son visage respire la bonté, son sourire, la miséricorde. Sa longue barbe blanche descend en étages sur sa poitrine et se confond avec sa croix d'or..... Soyez le bienvenu, évêque orthodoxe et fidèle, évêque au paternel et doux visage, ami des pauvres et des enfants, qui ressuscitez les écoliers égorgés par un hôtelier avare!.... Vous arrivez bien tard, les portes de la Basilique sont closes; on les ferme dès la chute du jour, à cause des trésors sans prix qu'elle renferme. Un pèlerin ordinaire, en dépit de ses instances et de ses clameurs, attendrait

(1) COURET, *La Palestine sous les empereurs grecs*, p. 17, 18, 22, texte et notes 3 et 4, etc.

(2) La légende commet ici une faute de chronologie : le pèlerinage de saint Nicolas de Myre aux Saints Lieux paraît être de l'année 291, c'est-à-dire antérieur de près d'un demi-siècle à la fondation de la Basilique de Constantin. Cependant, quelques auteurs placent l'existence de cet évêque sous Constantin et le font assister au Concile de Nicée. (*Simeon Metaphraste*, *Vita S. Nicolai*, § X. (MIGNE, *Patr. græca*, t. CXVI, col. 329.) — Surius, *De probatis Sanctorum historiis*, etc., t. VI, 6 décembre, *De S. Nicolao Myrensi episcopo*, cap. 8, p. 887 (*Colonia Aggripinæ*, MDLXXXI, in-fol.).— *Vita et conversio S. Nicolai*, græc. (*Falconius*, *S. Nicolai acta primigenia*, Neap. 1751, in-fol., p. 4). — C'est, à proprement parler, la chapelle spéciale de la *Sainte-Croix* qui s'ouvrit d'elle-même devant saint Nicolas de Myre.

jusqu'à l'aurore prochaine (1) pour pénétrer jusque dans les parvis intérieurs ; mais pour vous, saint évêque, les portes s'ouvriront d'elles-mêmes, malgré la nuit, les cadenas et les verrous. Entrez, évêque légendaire ! entrez, saint Nicolas de Myre! La *Basilique du Saint-Sépulcre* n'a pas de clôture pour vous. En dépit des serrures, des chaînes et des gardiens, elle s'ouvre d'elle-même à votre approche, et, quoique en pleine nuit, vous accueille comme un hôte attendu !.....

VIII

L'EXTASE DE SAINT PORPHYRE (2)

382.

A la fin du IVe siècle, vivait dans une caverne, sur les bords du Jourdain, un solitaire originaire de Thessalie et destiné à devenir un des plus célèbres personnages de son temps : saint Porphyre, futur évêque de Gaza. Atteint d'un squirre au foie, il dépérissait à vue d'œil. Dans le désir de mourir aux lieux où le Sauveur du monde avait donné sa vie, il se fit transporter à Jérusalem. Malgré son extrême faiblesse, chaque jour, il s'en allait, appuyé sur un bâton, visiter quelqu'une des stations de la voie douloureuse.

Se croyant près de mourir, une pensée le préoccupait. En quittant le monde, il avait laissé à Thessalonique, sa patrie, une fortune considérable qu'il n'avait pas distribuée aux pauvres, à cause de la jeunesse de ses frères.

(1) « *Consuetudo enim talis est, ut ante pullorum cantum loca sancta non aperiantur.* » (*S. Silviæ Aquitanæ peregrinatio ad loca sancta, ann. 385-388*, etc., p. 79).

(2) *Marci Diaconi vita S. Porphyrii episcopi gazensis, caput* I, § 7, col. 1215 du tome LXV de la *Patrologie grecque* de l'abbé MIGNE. — *Histoire du bon Larron dédiée au XIXe siècle*, par Mgr GAUME, *protonotaire apostolique, docteur en théologie* (Paris, Gaume frères, 1868, in-12), p. 329 à 332.

Il envoya donc à Thessalonique Marc, son ami intime, pour régler ses affaires. Le fidèle mandataire s'acquitta religieusement de sa commission, et, au bout de trois mois, il revint à Jérusalem.

« En me voyant, nous raconte lui-même le bon Marc, tout ému de ce souvenir, le bienheureux saint m'embrassa avec une tendresse paternelle et m'arrosa de larmes de joie : car la joie fait aussi pleurer. Pour moi, je ne le reconnaissais pas. Son corps avait pris de l'embonpoint, ses joues étaient roses et remplies : je ne cessais de le regarder..... Il s'aperçut de mon hésitation et se prit à sourire en me disant avec douceur : « Marc, mon frère, ne t'étonne point de me voir robuste et bien portant. Apprends seulement la cause de ma guérison miraculeuse, et tu admireras avec moi l'ineffable bonté de Notre-Seigneur Jésus-Christ, qui peut, sans peine, guérir les maladies les plus désespérées.

» ..... Il y a quarante jours, la veille du saint dimanche, je fus pris d'une douleur intolérable. J'employai ce qui me restait de forces à me traîner sur le *Calvaire,* et là, je m'étendis sur les dalles..... Alors, dans une sorte d'extase causée par la douleur, je vois le Sauveur cloué sur la Croix, et, à côté de lui, un des Larrons sur une autre croix. Je me mets à crier et à répéter la parole du bon Larron : « Souvenez-vous de moi, Seigneur, quand vous serez dans votre royaume! »

» Pour réponse à ma prière, le Sauveur dit au Larron : « Descendez de la croix et sauvez ce malade, comme vous-même avez été sauvé. » Le Larron, étant descendu de la croix, m'embrassa et me baisa. Sur-le-champ, je suis debout, je cours à Notre-Seigneur, et je vois que lui-même est descendu de la Croix. Alors, me présentant sa Croix, il me dit : « Recevez ce bois et gardez-le. » Ayant reçu et porté ce précieux bois, je revins de mon

Vision de saint Porphyre.

extase. A l'instant, toute douleur disparut, et il ne resta plus aucune trace de ma maladie (1). »

IX

SAINTE PÉLAGIE AU SAINT-SÉPULCRE (2)

avant 451.

Et toi, perle d'Antioche, comédienne adorée, danseuse éblouissante, mime incomparable, célèbre par ta beauté, tes talents, tes bijoux, qui ravissais tous les cœurs quand, aux yeux éblouis de cent mille spectateurs, tu apparaissais sur la scène, à la tête du corps de ballet, le sourire aux lèvres, et dans tout l'éclat de ta radieuse beauté. Tes blonds cheveux, en ondes parfumées, épars sur tes blanches épaules, et, pour tout vêtement, un voile de gaze d'or, une ceinture de perles et un collier d'émeraudes ! Franchis la porte extérieure, la porte étroite et basse de la Basilique, et viens t'agenouiller dans le préau, au seuil même de l'*église du Saint-Sépulcre!.....*

Tu essayes d'en franchir le seuil pour pencher ta tête charmante sur le marbre divin qui soutint durant trois jours le Corps inanimé, le Corps du Dieu mis à mort par amour pour les hommes! Tes efforts demeurent superflus; une force mystérieuse, une vertu magnétique te repousse invinciblement : tu n'entreras point, tu ne saurais entrer encore parée de toutes les apothéoses du péché dans le tombeau trois fois saint. Mais, fais dans ton cœur repentant un acte décisif de regret et de pur amour, jette aux pauvres tes perles coupables et tes

(1) Nous empruntons textuellement ce récit au charmant ouvrage de Mgr Gaume.

(2) *Jacobus Diaconus, vita sanctæ Pelagiæ Antiochenæ* (Ed. Usener, Bonn., 1879, p. 33.) — *Simeon Metaphraste, Vita S. Pelagiæ*, c. XI. (MIGNE, *Patr. gr.*, t. CXVI.) — *Acta S. Pelagiæ, apud AA. SS. Boll. 8 octobre*, III, p. 266.

funestes bijoux, et l'accès du glorieux *Sépulcre* s'ouvrira aussitôt pour toi. Entre donc et, après avoir arrosé de tes larmes l'ineffable monument, va finir tes jours — si toutefois tu as jamais existé (1) — dans une caverne sauvage du mont des Oliviers!

X

SAINTE MARIE L'ÉGYPTIENNE (2)

400. (3)

Voici encore une repentie qui s'achemine vers le *Saint-Sépulcre!* Malgré son éclatante beauté, ce n'est plus comme la précédente, ce n'est plus, tant s'en faut, la reine de théâtre, la diva féerique et victorieuse, joignant aux merveilleux attraits de la beauté orientale toutes les séductions de l'art le plus raffiné et de la plus savante parure..... Non, c'est une courtisane banale, inconsciente à force d'impudeur, une vulgaire fille de joie, une fellah aux yeux de ténèbres, à la robe entr'ouverte et au collier de verre bleu, qui a scandalisé de ses déportements la grande ville d'Alexandrie, blasée cependant en fait de scandales.

Poussée par un secret pressentiment et la grâce compatissante de Dieu, elle s'est jointe à l'immense concours de visiteurs qui affluent à Jérusalem, le 14 septembre, pour la fête de l'Exaltation de la Croix. D'un pas insou-

(1) L'existence de sainte Pélagie a été niée par un savant allemand.

(2) *Sancti Sophronii patriarchæ Hierosolymitani vita S. Mariæ Ægyptiæ*, cap. II, § 21; cap. III, § 22, 23, 24. (MIGNE, *Patrologie grecque*, t. LXXXVII, *pars tertia*, col. 3711 à 3714.) — *Itinera Hierosolymitana et descriptiones Terræ Sanctæ bellis sacris anteriora*, etc. (*Société de l'Orient latin*) *ediderunt Augustus Molinier et Carolus Kohler*, t. II, pars I, 30-600, p. 400. (Genevæ, typis J.-G. Fick, 1885, in-8°.) — *Voyage de la Terre Sainte*, etc., par M. I. DOUBDAN, p. 54. (3e éd. A Paris, MDCLXVI, in-4°.)

(3) Date très incertaine.

ciant, elle entre dans l'*atrium* à l'élégante colonnade, côtoie la piscine azurée du baptistère, frôle le quinconce

de cèdres et se présente au seuil de la chapelle où l'on expose la sainte Croix enclose dans le reliquaire d'argent de sainte Hélène..... A elle aussi, une force invincible barre le chemin..... Trois fois, elle essaye de franchir l'invincible barrière qui ne s'élève que pour elle, car le flot des pèlerins de toutes conditions entre comme une marée montante dans la chapelle expiatoire!..... Trois fois, elle est repoussée.

Lasse enfin de ses inutiles efforts; comprenant, par une intuition divine, le sens de cette mystérieuse répulsion, étreinte au cœur par la honte subite de sa vie méprisable, elle jette autour d'elle un regard éperdu : le regard navré de la créature seule et sans défense au milieu de l'aversion et de l'opprobre unanimes, et court en pleurant s'agenouiller sous le cloître, aux pieds de la Vierge byzantine, peinte à fresque sur un fond d'or qui, frappée d'un rayon de soleil, scintille au loin sous le portique.

Prie ardemment, pauvre fille, pleure de toutes les larmes de tes beaux yeux, de tous les sanglots de ton sein avili, ta vie misérable, dégradée et perdue!..... Tout à l'heure, émue par la violence de ta prière, l'image de la Vierge s'inclinera vers toi en souriant!..... Et, comme pour Pélagie la danseuse, l'accès du *Saint-Sépulcre* s'ouvrira aussitôt à tes pas exultants. Le fond d'or sur lequel se détache l'image de la Vierge est l'éclatant symbole du nimbe glorieux qui entourera un jour, sur le calendrier des saints, ton front réhabilité. Marie l'Égyptienne, la légende, après Dieu, te fait grâce!.....

XI

LA NIÈCE D'AUGUSTE

540.

Fiers de leur noblesse et de leur crédit, les grands de la terre, les patriciens, les clarissimes, les nobles dames et les généraux victorieux, drapés dans leur peplum de pourpre ou leur manteau d'hermine, croient peut-être, sans coup férir, pénétrer dans le tombeau miraculeux, dans le tombeau du Christ! Erreur! si leur cœur n'est pas pur, si leur orthodoxie n'est pas entière, si, au fond de leur esprit rebelle et de leur âme insoumise, ils nourrissent quelque secret penchant pour l'hérésie, s'ils partagent, même de loin, les criminelles erreurs de Sévère l'Acéphale, de Sévère le Maudit, l'usurpateur du siège d'Antioche (1), arrière et anathème !!..... Voyez plutôt Cosmiène (2), la nièce pompeuse et chérie de l'empereur Justinien, l'épouse radieuse du patrice Germain (3), l'ornement de la cour, le vainqueur des Antes du Danube et des Maures d'Afrique, Cosmiène la divine, devant qui, à Byzance, malgré la haine de Théodora, tous les fronts se découvrent et tous les genoux fléchissent!..... Nouvelle Athalie, la voici qui, le front levé, se présente à l'entrée du *Saint-Sépulcre!*..... Vain espoir et tentative infructueuse! La Sainte Vierge elle-même, escortée des saintes femmes au flamboyant regard, l'arrête du geste, lui disant d'une voix courroucée : « Tu n'es pas des nôtres, et tu oses te présenter ici!..... » Mais, éclairée par sa vision, la superbe patricienne fait quérir

(1) Sur ce Sévère, voir ROHRBACHER, *Histoire universelle de l'Église catholique*, t. IV, p. 115, 124, etc. (Edition Palmé, Paris, 1879, gr. in-8°.)

(2) JEAN MOSCH, *Pratum spirituale*, cap. XLVIII, col. 2904 du tome LXXXVII, *pars tertia*, de la *Patrologie grecque* de l'abbé MIGNE.

(3) Le patrice Germain (Γερμανὸς ὁ πατρίκιος) était le fils d'un frère de l'empereur Justinien. Général et chrétien accompli, il fut victorieux dans toutes ses entreprises, mais tenu trop souvent à l'écart par la jalousie de Théodora. Devenu veuf de Cosmiène qui lui laissa deux fils : Justin et Justinien, il épousa, en secondes noces, Matasonte, veuve de Vitigès et petite-fille, par sa mère Amalasonthe, du grand Théodoric. Il mourut subitement en 550.—Remarquons que Du Cange, dans ses *Familiæ Byzantinæ*, p. 100, 101 (*Historia Byzantina, duplici commentario illustrata, prior familias ac stemmata imperatorum*, etc., MDCLXX, in-fol.), donne pour première femme au patrice Germain, *Passara* et non *Cosmiène*.

un diacre de la Basilique, s'agenouille à ses pieds, abjure entre ses mains son hérésie, fait une sainte et orthodoxe communion et, comme une colombe montant vers le ciel, entre sans effort au tombeau du Sauveur.

XII

LE BRAVE GÉNÉRAL (1)

550.

Quel est ce haut dignitaire à la chlamyde de pourpre et à l'armure dorée qui, le front téméraire et d'un pas assuré, vient heurter le seuil du divin tombeau? C'est le plus beau des généraux byzantins, le favori de l'empereur Justinien, le vainqueur des Arabes et des Perses, c'est *Gévémer,* le gouverneur, le duc de la Palestine, l'un des principaux chefs des forces byzantines en Orient, comme qui dirait un maréchal de l'empire grec !.....

Mais pourquoi tressaille-t-il, ce vaillant homme de guerre, tout à l'heure si triomphant ? Pourquoi se trouble-t-il et change-t-il de couleur? Pourquoi fait-il un pas en arrière? C'est qu'un fantôme vient de lui apparaître : un bélier fantastique, tête baissée et cornes menaçantes, sortant du saint tombeau, lui paraît se précipiter sur lui et le repousse d'un invincible élan.

C'est en vain que, très troublé, « le brave général » appelle à son aide le diacre Azarias, custode de la sainte Croix, et ses licteurs. C'est en vain qu'il les interroge et les invoque ; toujours le bélier mystérieux s'élance avec fureur et le repousse !..... « Je suis un grand pécheur, » s'écrie le patrice déconcerté, « et je demande pardon à Dieu !..... » Mais cet aveu public, cette capitulation, et cet acte de pénitence sont encore insuffisants : le beau

(1) Jean Mosch, *Pratum spirituale,* cap. xlviii, col. 2904, 2905 du tome LXXXVII, *pars tertia,* de la *Patrologie grecque* de l'abbé Migne.

capitaine, comme la patricienne de tout à l'heure, est hérétique, il partage les doctrines impies de Sévère l'Acéphale, de Sévère l'usurpateur, et jusqu'à ce que, par une communion orthodoxe, il ait abjuré ses erreurs, l'entrée du *Saint-Sépulcre* lui sera interdite.

XIII

L'ERMITE DU SINAI (1)

544. (2)

Agenouillé au pied du *Saint-Sépulcre,* sous la coupole de la Basilique, un vieillard décrépit, à la barbe de neige et succombant sous le poids des ans, reçoit avec une angélique ferveur la Sainte Communion, des mains du patriarche Pierre de Jérusalem !..... C'est Georges le saint ermite, le thaumaturge du mont Sinaï. Cent hivers révolus ont fait fléchir son front décoloré.

Émû de ce grand âge et d'une si touchante dévotion, le patriarche le fait inviter par son camérier Ménas à venir, à l'issue de la grand'messe, prendre, au palais épiscopal, sa part d'une modeste réfection. Mais, au lieu d'accepter, le vieillard, murmurant : *Que la volonté de Dieu soit faite!* s'incline et disparaît.

Informations prises, le vieil ascète n'a jamais quitté sa cellule du mont Sinaï.

Par un de ces miracles de bilocation, dont l'histoire des saints contient plusieurs exemples et que la science moderne cherche en vain à expliquer aujourd'hui au moyen des fantômes indous, le vieillard, sans cesser d'habiter sa cellule, s'était trouvé transporté par la grâce de Dieu,

(1) JEAN MOSCH, *Pratum spirituale,* cap. CXXVII, col. 2988, 2989 du tome LXXXVII, *pars tertia,* de la *Patrologie grecque* de l'abbé MIGNE

(2) Nous n'avons pas cru possible de suivre avec une exactitude absolument rigoureuse l'ordre chronologique.

à la *Basilique du Saint-Sépulcre*, et recevait la Communion des mains du patriarche attendri (1) : « Va » dit-il à l'envoyé, qui, dans sa caverne de la montagne, l'interrogeait sur ce mystère, « va dire à ton patriarche que, avant six mois, nous nous rencontrerons ensemble, pour être jugés l'un et l'autre, devant le trône de Jésus!..... » Moins de six mois après, ermite dans son antre, patriarche dans son palais, le même jour et à la même heure, avaient tous deux rendu l'âme.

XIV

LE NOVICE ET LES OISEAUX DIABOLIQUES (2)

VIe *siècle.*

Debout dans la *Basilique du Saint-Sépulcre*, à l'entrée de la chapelle resplendissante où l'on vénère la sainte Croix, un jeune moine, ou plutôt un novice, l'air ingénu, l'œil hagard, les mains tremblantes, semble agiter en lui-même quelque redoutable problème!..... Ce problème est celui de sa vie..... Effrayé, au fond de son cœur timide, des austérités formidables de la vie ascétique, il délibère en lui-même s'il doit persévérer ou revenir au siècle qui, de sa voix de sirène, l'appelle de loin. Qui sait, même, si, dans le monde, il n'a pas laissé deux beaux yeux dont le regard magnétique, en ce jour décisif, lui vient percer le cœur? Sa visite dans la *Basilique du Saint-Sépulcre* doit, il l'espère, fixer ses incertitudes, calmer ses angoisses et l'affermir pour jamais dans la voie du salut.

(1) On cite un trait de ce genre, ou tout au moins analogue, de sainte Lidwine. (*Bolland.*, 14 april, t. II, p. 280, 281.)

(2) JEAN MOSCH, *Pratum spirituale, cap.* XV, alinéa 2, col. 2964, 2965, du tome LXXXVII, *pars tertia*, de la *Patrologie grecque* de l'abbé MIGNE.

Pourquoi donc, comme les hérétiques et les pécheresses, pourquoi s'arrête-t-il ainsi au seuil de l'*atrium* de la Sainte-Croix? C'est que, jaloux de sa gloire future et de la céleste couronne que lui tressent les anges, Satan, l'affreux Satan, le démon juif, le loup ravissant de la divine bergerie, essaye, par ses insidieux prestiges, de lui

interdire les abords libérateurs du miraculeux sanctuaire. C'est lui qui a envoyé ces deux horribles corbeaux, fils de l'Érèbe et de l'éternelle Nuit, qui, à chaque pas, s'élancent vers lui, de leur aile effleurant sa joue pâle et menaçant ses yeux de leur bec ensanglanté..... Voilà pourquoi, atterré, hagard, presque défaillant, le pauvre novice hésite au seuil de la chapelle de la Sainte-Croix.

Mais, par une intuition céleste, devinant ses angoisses, le bon abbé Christophore, debout à ses côtés, lui tend une main secourable. Le jeune moine saisit avec transport l'appui qui lui est offert, et, sous la conduite du saint abbé, pénètre avec confiance dans la chapelle de la Sainte-Croix, puis dans la crypte du *Sépulcre*.

C'est fini, les harpies ont disparu, les noirs oiseaux, prenant leur vol, sont retournés au pays de ténèbres et d'agonie. Le novice n'hésite plus, sa vocation est désormais affermie et son nom gravé par les anges sur le livre des élus.

XV

THÉODOSE (1)

Août 394. (2)

Après la légende dévote, vengeresse de l'orthodoxie ou secourable à la piété et dédaigneuse des grands de la terre, voici la légende héroïque, qui tressaille au cliquetis de l'épée et tresse une couronne de lauriers pour le front des capitaines et des rois chevaleresques.

Un soir, au moment où les portes de la *Basilique du Saint-Sépulcre* vont se clore jusqu'à l'aube prochaine, un pèlerin, couvert d'un long manteau, sous lequel on entend bruire une armure, noir comme un Espagnol et pâle comme un Italien, se présente à l'entrée de la Basi-

(1) CEDREN, *Historiarum compendium*, col. 617 du tome CXXI de la *Patrologie grecque* de l'abbé MIGNE. — *Itinera Hierosolymitana et descriptiones Terræ Sanctæ bellis sacris anteriora et latina lingua exarata sumptibus societatis illustrandis Orientis latini monumentis*, etc., II, pars 1, p. 78. (Genevæ, typis J.-G. Fick, 1885, in-8.)

(2) Il ne nous a pas paru possible de suivre avec une régularité absolue l'ordre chronologique, mais, pour les dates, nous avons adopté la *Chronologie de l'Empire romain*, de M. GEORGES GOYAU, élève de l'École Normale supérieure. (Paris, C. Klincksieck, 1891.)

lique. Le Portier, mécontent (1), l'accueille avec défiance, les gardes le considèrent d'un œil incivil..... On l'introduit maussadement dans l'*atrium* de la Basilique.

D'un pas délibéré, il franchit le seuil de l'*église du Saint-Sépulcre*, et s'agenouille devant le tombeau du Christ, le front sur le sarcophage de marbre, encore tout embaumé des parfums de Madeleine et des pleurs de Marie, qui soutint durant trois jours le corps inanimé du Rédempteur.

Et voici que, tout à coup, la Basilique sombre et silencieuse, envahie déjà par la solitude et la nuit, s'illumine d'elle-même en son honneur. Les cierges éteints s'éclairent subitement, les lampes brillent d'un éclat inconnu, les lustres étincellent, les girandoles flamboient, un rayon de lumière étoilée tombe du ciel ouvert, et des mélodies inconnues résonnent dans la profondeur mystérieuse des cryptes !.....

Stupéfait, le Custode (2) envisage le pèlerin, un doute l'éclaire, il tressaille, et tombant à ses pieds : « Salut à toi, s'écrie-t-il, César à jamais victorieux ! Sois le bienvenu au *Saint-Sépulcre!* Que le Christ, ressuscité ici même, exauce tes vœux !..... »

C'est, en effet, Théodose, le grand Théodose, le second fondateur temporel du Christianisme, en qui revit la grande âme de Trajan, son aïeul, qui, avant d'entreprendre contre l'usurpateur Eugène et la réaction païenne soutenue par l'épée d'Arbogast son incertaine et redoutable lutte, vient se recueillir au pied du *Saint-Sépulcre*,

(1) Le Portier de la *Sainte-Anastasis du Christ* était un fonctionnaire de la Basilique. (*Epigraphie chrétienne de Jérusalem*, par le P. GERMER-DURAND, p. 568 de la *Revue biblique trimestrielle*, t. Ier, année 1892.) — Il en était de même du Gardien du trésor et des ornements sacrés (JEAN MOSCH, *Pratum spirituale*, cap. XLVIII, col. 2904).

(2) Le Custode de la Sainte-Croix, dignitaire de la Basilique (JEAN MOSCH, *Pratum spirituale*, c. XLIX, col. 2904).

et demander l'augure d'une victoire finale, après laquelle il pourra, paisible et l'œil au ciel, se coucher avec gloire dans son linceul impérial, marqué du signe de la Croix. « La Croix du Christ », dit une vieille inscription funéraire de la terre d'Orient, « La Croix du Christ est la résurrection des morts (1) ! »

XVI

LE ROI ARTHUR DE BRETAGNE (2)

514-515.

Deux siècles plus tard, voici un second pèlerin qui rappelle à s'y méprendre l'aspect du premier : robe de bure sous laquelle on sent frémir l'épée, front haut et fier, mine téméraire, air souverain; mais, à la différence du précédent, celui-ci a l'œil bleu, la chevelure blonde, la stature presque colossale, et des éperons d'or, se trahissant sous sa robe lorsqu'il s'agenouille devant le *Saint-Sépulcre.....*

Quel est celui-là? Il semble que la Basilique ait tressailli à son approche, que les colonnes de la nef se soient inclinées, et que le *Saint-Sépulcre* se soit amolli sous ses baisers!..... Penché sur le saint tombeau, il prie et il pleure. Que demande-t-il? — Le plus grand bien de l'homme : la liberté pour lui et pour sa patrie foulée sous le talon du plus odieux envahisseur qui ait jamais existé : du Saxon maudit!.....

(1) Epitaphe grecque chrétienne de Sidon :

Σταυρὸς Χριστοῦ νεκρῶν ἀνάστασις.

(*Revue biblique trimestrielle.* Deuxième année, n° 2, avril 1893, p. 208. Paris, Lethielleux, in-8.)

(2) *Itinera Hierosolymitana et descriptiones Terræ Sanctæ bellis sacris anteriora et latina lingua exarata sumptibus societatis illustrandis Orientis latini monumentis ediderunt Augustus Molinier et Carolus Kohler*, t. II, *pars* 1, p. 190, 191 et auteurs cités (Genevæ, typis J.-G. Fick, 1885, in-8.)

Et voici que des chants célestes résonnent dans la Basilique et le tirent de son extase. De ce concert merveilleux, une voix se dégage, éclatante et musicale : « Dieu, dit-elle, a exaucé ta prière, ô roi Arthur !..... Pars avec confiance. Treize victoires, durant vingt-deux années (1), assureront, grâce à ton bras, l'indépendance momentanée de la Cambrie. Mais quand, blessé à mort à la bataille de *Camlan* (Camelford), tu te coucheras dans la tombe, la liberté de ta patrie, en punition de tes fautes, liberté éphémère, s'y couchera avec toi !... Du moins, ta mémoire adorée demeurera à jamais empreinte dans le cœur du peuple breton. Pour lui, tu demeureras immortel, et, durant de longs siècles, symbole de sa nationalité, espoir et consolation de sa misère, il croira sans cesse te voir apparaître dans l'aurore empourprée du jour de la délivrance, précédé de ton dragon rouge, suivi de ton enchanteur Merlin et brandissant à la tête des chevaliers de la Table ronde ton épée resplendissante, l'invincible *Esclibor!.....* »

Consolé et fortifié, le roi Arthur continue sa prière, et, après trois jours d'oraison, fait faire une croix de bois précieux sur le modèle exact de la sainte Croix, et achète, sur le parvis du *Saint-Sépulcre*, une image de la Vierge conservée durant des siècles dans le monastère de *Wedale* (2).

(1) Sur le roi Arthur et son rôle historique, voir l'intéressant ouvrage intitulé : *Les Bretons insulaires et les Anglo-Saxons du ve au viie siècle*, par ARTHUR DE LA BORDERIE, arch.-paléographe (Paris, Didier, 1867, in-8°), pages 67 à 86. — Au point de vue de l'histoire légendaire du roi Arthur, on peut lire les quelques lignes de GERVAIS DE TILBERY ou TILBURY, dans les *Scriptores rerum Brunsvicensium, etc., cura Godefride Guilelmi Leibnitii*, p. 936, 937 (Hanoveræ, MDCCVII, 2 vol. in-fol.).

(2) NENNIUS, *Historia de sex ætatibus mundi*, c. 63 (sœc. XII interpolata). *Mon. historica. Britannica.* I, p. 73. Sur ce *Nennius*, voir *Revue historique*, n[os] de janvier-février 1894, p. 125, 126.

XVII

LA MALÉDICTION DE SAINT SABAS (1)

514.

D'autres fois, tendant à l'histoire, sa sœur ennemie, une main conciliante, la légende s'unit à elle dans un fraternel et véridique embrassement pour célébrer les mémorables conjonctures dont la *Basilique du Saint-Sépulcre* fut le théâtre, les parer, les embellir, leur donner le coup de pinceau, le coloris, le point visuel, la fière et dramatique allure qui manque trop souvent à la terne, didactique et morne réalité.

Voyez plutôt, voyez, par exemple, la belle légende, mi-partie historique et romanesque, que l'on pourrait intituler la *Malédiction de saint Sabas.*

Alors, régnait à Byzance, dans le palais des *Sébastes* (2), un empereur octogénaire, vieillard irritable et craintif, opiniâtre et superstitieux, théologien prétentieux et barbare : *Anastase*. Séduit par un aventurier de sacristie, un soutané de bas étage, un brigueur de mitre, ancien sorcier devenu rat d'église par peur du bûcher : *Sévère-le-Maudit,* chef de la secte impure des Acéphales (3), le sénile empereur, barbon couronné, persécutait les catholiques, menaçait le Pape, imposait à l'Église byzantine ses doctrines pernicieuses et voulait expulser de son siège le patriarche Élias de Jérusalem, l'un des rares champions de l'orthodoxie orientale. Forts de la présence d'un détachement de soldats et de la faveur impériale,

(1) Cyrille de Scythopolis, *Vita sancti Patris nostri Sabæ,* § 56, *dans* Cotellerius, *Monumenta Ecclesiæ grecæ.* (Paris, 1692, petit in-4°) t. III, col. 308, 309.

(2) Augustes.

(3) Sur ce *Sévère,* voir Couret : *La Palestine sous les empereurs grecs,* pages 153 et suivantes.

La malédiction de saint Sabas.

les hérétiques de Jérusalem posaient au patriarche effrayé le célèbre dilemme de tous les temps et de toutes les tyrannies : *Se soumettre ou se démettre!*

L'évêque, désespéré, appelle à son secours SAINT SABAS!.....

Ce nom, probablement, vous est inconnu, amis lecteurs, bons pèlerins de Jérusalem! Il ne dit rien à votre pensée, il n'éveille en vous aucun souvenir; mais, en Orient, il fait battre le cœur de tout bon orthodoxe, prêtre, caloyer, citadin ou fellah, et il brille d'un incomparable éclat, car il incarne en quelque sorte les gloires monastiques, les austérités vertigineuses et la réaction du patriotisme local et des populations indigènes contre la tyrannie et la centralisation byzantines. SAINT SABAS, l'étoile du désert, le grand docteur de la vie ascétique, qui, selon la belle expression de son biographe, « fit fleurir le désert comme un lys, et rendit les solitudes plus populeuses que les villes, » le moine au cœur de lion, à la parole audacieuse et troublante, qui lisait dans l'avenir, faisait fléchir les volontés impériales et retournait le cœur des tyrans! SAINT SABAS était un adversaire avec lequel l'empereur même devait compter. La résistance du patriarche était son œuvre : c'est lui qui inspirait au timide prélat ces sentiments inattendus d'énergique et intrépide orthodoxie.

Décidé à soutenir jusqu'au bout son évêque épeuré, SAINT SABAS fait appel aux moines de Judée, à son ami saint Théodose le Cénobiarque, aux solitaires, aux anachorètes, aux fakirs monastiques, perdus dans les grottes du mont de la Quarantaine et dans les cavernes du désert de *Ruba* (1). Il les convoque dans sa laure disséminée au fond

(1) Solitude embrasée et très fréquentée par les anachorètes des Ve et VIe siècles, commençant à l'embouchure du Cédron, dans la mer Morte, et s'étendant vers *Neby-Mousa*. (*Voyage d'exploration à la mer Morte*,

de la gorge embrasée du *Nar-el-Kelt* (Cédron). Il se met à leur tête, marche toute la nuit, en suivant les méandres du célèbre ravin et, au lever de l'aurore, arrive à Jérusalem.

Parcourant le bazar et les rues, il appelle le peuple à grands cris, le harangue sur une borne au carrefour de la tour de David, le soulève contre les hérétiques, et l'entraîne, hurlant et fanatique, jusque sur le parvis de la *Basilique du Saint-Sépulcre*. Là, montant sur les marches et faisant face au peuple, aux pèlerins, aux moines et aux soldats consternés, élevant sa grande voix solennelle et profonde qui faisait tressaillir les échos du désert et à laquelle répondaient les rugissements de son lion favori, il maudit solennellement les hérétiques, les valets de cour, les exécuteurs des basses œuvres de la tyrannie, et surtout l'empereur *Anastase*, le vieillard outrecuidant, ridicule et stupide qui, se posant en oracle et en théologien, prétendait imposer ses lois au clergé et réformer de son chef les enseignements de l'Église!.....

Une immense acclamation lui répond : les hérétiques, menacés par la foule, s'esquivent sans bruit; les soldats, intimidés, se renferment dans le prétoire ou se retirent prudemment par les portes de David, de Benjamin ou de Galilée, et le patriarche, momentanément vainqueur, demeure en paix dans son palais épiscopal, chef-d'œuvre de l'impératrice Eudocie.

Mais que pouvait un pauvre moine contre l'empereur, ses légions et cette puissance encore formidable, qui, d'un côté, maintenait les Perses et de l'autre faisait courber respectueusement le front de Clovis! L'empereur, malgré son courroux, rit beaucoup, paraît-il, avec ses

à Pétra et sur la rive gauche du Jourdain, par M. le duc de Luynes, *membre de l'Institut*, t. Ier, p. 117. (Paris, Arthus Bertrand, petit in-folio sans date.)

prélats de cour et ses eunuques, de la malédiction du pauvre moine, du moine en robe trouée, aux pieds nus et à la ceinture en fil d'aloès.....

Vous souvient-il, pèlerins mes confrères, et lecteurs mes amis, vous souvient-il de ce magnifique passage où le P. Lacordaire, le seul grand orateur de notre siècle, célébrant la permanence de l'Église et son patient triomphe sur les violences éphémères du pouvoir laïque, s'écriait, dans son admirable langage : « *Garde ta pourpre, ô César, demain on t'enterrera dedans, et nous chanterons sur ta tombe le* **De Profundis** *et l'***Alleluia** *qui ne changent jamais!.....* » Combien je voudrais pouvoir emprunter au grand orateur ses admirables accents pour interpeller, moi aussi, cet empereur barbare, tyran sénile, théologien misérable et persécuteur des évêques, qui méprise sottement la malédiction de l'opprimé! Je lui dirais : « Tu as tort, ô César, tu as tort » de te rire de la malédiction du moine. Il ne faut jamais » se rire de la malédiction de l'honnête homme injuste- » ment persécuté, surtout quand cet homme est un » moine, surtout quand ce moine est un saint. Prends » garde, les effets de cette malédiction ne se feront peut- » être pas longtemps attendre!..... »

En effet, nous racontent les chroniques byzantines, la menace de **saint Sabas,** mystérieux envoûtement, ne tarda pas à produire ses fruits. Quelque temps après, un orage effroyable se déchaine sur Constantinople, concentrant ses fureurs sur le palais impérial. L'éclair transperce la nue, la foudre, à coups redoublés, éclate sur le palais, semblant, de chambre en chambre et de retraite en retraite, poursuivre le vieil empereur qui, justement, par une sorte d'inexplicable pressentiment, a l'horreur du tonnerre. César, épouvanté, fuit jusque dans les souterrains du palais où, par une sinistre et instinctive prévision, il s'est fait pratiquer un caveau blindé de fer..... Vains efforts et fuite superflue! la foudre vengeresse, exécutrice de la malédiction du moine, poursuit, dans cette cachette, l'empereur consterné, perce la voûte, déchire le blindage et, de son trait vengeur, vient frapper au cœur, comme autrefois l'impie Ajax, le César hérétique, impitoyable et maudit. Le ciel, dit la légende confirmée ici par l'histoire, le ciel ratifiait et exécutait lui-même la malédiction du moine indigné, *la malédiction de saint Sabas!*..... Cependant qu'au même instant, une voix mystérieuse avertissait le patriarche Élias, alors exilé à Aïla, au bord de la mer Rouge, de la mort de son persécuteur (518).

XVIII

LE TRÉSOR DU SAINT-SÉPULCRE

600-614.

Mais où la légende se montre à profusion et s'épanouit avec magnificence, comme les boutons d'or dans la prairie, les gerbes de bleuets dans les grands blés ou les sauvages touffes du blanc muguet au coin du « bois silencieux », c'est dans le catalogue, la nomenclature et la description du trésor de la *Basilique du Saint-Sépulcre*. C'est là surtout que l'imagination orientale, à la fois si puérile et si riche, semble s'être donné l'essor et avoir de préférence accumulé les merveilles de son splendide écrin et les chaudes couleurs de son étincelante palette. Quel amas de joyaux, quelle profusion de saintes et adorables richesses! Quelle collection presque fabuleuse de pieuses merveilles! Quelles splendeurs, orgueil des bons caloyers, extase des pèlerins, dons des empereurs et des rois et chef-d'œuvre de la pieuse légende!....

Dans les dépendances de la Basilique, dans les cloîtres

intérieurs et les vastes sacristies construites par sainte Hélène et l'impératrice Eudocie, dans les chapelles à demi souterraines, les *atrium* entremêlés de jardins et sur les flancs même de l'édicule du *Saint-Sépulcre* (1), on garde jalousement, dit la tradition, comme aujourd'hui dans les basiliques de Rome, d'inestimables trésors.

Vois-tu, pèlerin enthousiaste et naïf, vois-tu ces amphores d'or massif décorées de grenades en relief, de cédrats, de fleurs et de grappes de raisins relevées en bosse? Ce sont les antiques vases d'or du temple de Salomon enlevés jadis par Titus, arrachés aux églises de Rome par les Vandales en 455, et retrouvés à Carthage par Bélisaire. Justinien, ébloui, voulait en faire le plus bel ornement de son palais, la sinistre prédiction d'un Juif l'en détourna et il les a rendus à Jérusalem (2).

Considère cette croix de diamants : elle a été offerte par l'empereur Théodose II, le dernier des Antonins (3). Cette croix de perles est un hommage de l'impératrice Théodora, la saltimbanque impériale, la comédienne divinisée, la mime aux mœurs infâmes, mais au grand cœur; la danseuse éhontée qui règna si fièrement et sauva par sa fermeté le trône de son ridicule époux (4). Cette couronne d'or constellée d'émeraudes est un don du fameux Élisbaan, le Salomon de l'Éthiopie, célèbre par ses vic-

(1) ANTONIN DE PLAISANCE, *De locis sanctis*, § 8, p. 101, et *De locis transmarinis sacris*, p. 125 des *Itinera et descriptiones Terræ Sanctæ lingua latina sæc. IV-XI exarata*, etc. (*Société de l'Orient latin*), t. Ier. — ANTONINUS, ITINERARIUM, p. 369 des *Itinera hierosolymitana et descriptiones Terræ Sanctæ*, etc. (*Société de l'Orient latin*), t. Ier, *pars* II.

(2) PROCOPE, *De bello Vandalico*, II, 9. — COURET, *La Palestine sous les empereurs grecs*, p. 185.

(3) THÉOPHANE, *Chronographia*, a. c. 420, 427, col. 233, 244 du tome CVIII, de la *Patrologie grecque* de l'abbé MIGNE. — CEDREN, *Historiarum compendium*, col. 643 du tome CXXI de la *Patrologie grecque* de l'abbé MIGNE. On sait que Théodose le Grand prétendait descendre de l'empereur Trajan.

(4) JOANNES MALALA, *Chronographia*, lib. VII, col. 623 du tome XCII de la *Patrologie grecque*.

toires sur les Arabes et ses démêlés avec les Perses, et qui, de roi devenu moine, a fait porter son diadème au *Saint-Sépulcre* (1). Ces joyaux que tu vois dans cet écrin, enveloppés d'un voile nuptial de soie blanche brodé de myrthes d'or et tout taché de larmes, ces perles, ces diamants, ces cabochons empourprés sertis dans des rinceaux de l'or le plus pur : ce sont les bijoux des deux Eudocie, l'une impératrice de Constantinople, fille d'un professeur de l'Université d'Athènes, célèbre par ses talents, sa science, ses malheurs et sa triomphante beauté, qui traverse comme un rayon de lumière et de grâce les pages moroses des annales byzantines; l'autre, petite-fille de la précédente, née dans la pourpre, enlevée lors du sac de Rome par le roi des Vandales, Genséric, qui en fait l'épouse ou plutôt l'esclave favorite de son fils, le sombre Hunéric, le bourreau des catholiques. Après quinze ans d'une union détestée, elle parvient enfin à s'enfuir, et meurt de fatigues, de misères et de joie en embrassant le *Saint-Sépulcre* (2).

Ce vaste plat d'argent est celui qui reçut la tête de saint Jean-Baptiste, le jour où le faible Hérode le sacrifia à la danse lascive de la funeste Hérodiade (3). Cette petite urne, d'apparence si antique, renfermait l'huile sainte dont furent oints tour à tour David et Salomon (4);

(1) SURIUS, *24 octobre, De S. Aretha martyre et sociis eius. Martyrium sancti martyris Arethæ*, cap. 36, t. V (*Coloniæ Aggripinæ*, MDLXXX, in-fol.). — SIMEON METAPHRASTE, *Martyrium sancti Arethæ*, § 36. — PROCOPE, *De bello Persico*, I, 20. — *Vita S. Arethæ eiusque sociorum*, c. IX, § 39 (*AA. SS. Boll., Oct., X, dies 24*, p. 758, 759 et 760). — COURET, *La Palestine sous les empereurs grecs*, p. 186.

(2) Ces deux princesses léguèrent leurs trésors et leurs bijoux au *Saint-Sépulcre*. (COURET, *La Palestine sous les empereurs grecs*, p. 131 et 132 et auteurs cités.)

(3) *Breviarius de Hierosolyma*, p. 58 des *Itinera et descriptiones Terræ Sanctæ lingua latina sæc. IV-XI exarata*, etc. t., I. — THEODOSIUS, *De Terra Sancta*, p. 64 des *Itinera*, etc.

(4) *Breviarius de Hierosolyma*, p. 58. — THEODOSIUS, *de Terra Sancta*, p. 64.

et cet anneau d'*electrum* (1) est celui-là même dont se servait le grand Salomon, le sage couronné, pour sceller ses rescrits (2). Cet adorable portrait de femme, au regard profond, si pensif et si doux, c'est celui de la Vierge Marie peint au Cénacle par le bon saint Luc (3), et c'est à elle aussi qu'ont appartenu ce voile et cette ceinture si simples d'apparence et si précieusement conservés (4).

Plus loin, voici d'inestimables reliques à faire sécher de jalousie toutes les églises de la chrétienté..... tout le sublime arsenal de la Passion! Le glaive de saint Pierre qui abattit l'oreille de Malchus (5); un morceau du pain de la Cène (6); le marteau de la Passion (7) et la lampe d'airain posée dans le *Sépulcre* auprès du cadavre de

(1) Mélange d'or et d'argent.

(2) *Breviarius de Hierosolyma*, p. 58.

(3) ANTONINUS martyr, *De locis sanctis*, § 20, p. 103. C'est sans doute l'*Icône Hodigitria* transportée ensuite à Constantinople, enlevée lors du sac de Byzance par les Croisés, attribuée, lors du partage des dépouilles, à l'évêché de Bethléem. (Comte RIANT, *Étude sur l'histoire de l'Église de Bethléem*, p. 28, n° 4. Gênes, imprimerie de l'Institut royal des sourds-muets, MDCCCLXXXIX, gr. in-8.) — *La Part de l'évêque de Bethléem dans le butin de Constantinople en 1204*, par M. le comte RIANT, p. 226 et suiv. (*Mémoires de la Société des Antiquaires de France. Cinquième série*, t. VI.) — Est-ce le même portrait qui est signalé en 1394, par Nicolas de Marthono, dans l'église de Sainte-Marie d'Athènes? (*Bibliothèque nationale. Dép^t des Manuscrits. Latin 17197. Anciens Blancs-Manteaux 51. Varia Ecclesiastica*, fol. 190-216).

(4) ANTONINUS *martyr*, *De locis sanctis*, § 20, p. 103. — *De locis transmarinis sacris*, p. 126. — *Antoninus, Itinerarium*, p. 370.

(5) Comte RIANT, *Expéditions et pèlerinages des Scandinaves en Terre Sainte au temps des Croisades*, p. 298, Paris, MDCCCLXV, in-8. Il est évident que presque toutes les reliques de la Passion ont été, jusques à la prise de Jérusalem par les Perses, concentrées dans la *Basilique du Saint-Sépulcre* et les autres églises de Jérusalem. Nous croyons donc avoir le droit de les signaler dans le trésor du *Saint-Sépulcre*, antérieurement à l'année 614.

(6) Conservé jusques à la prise de Constantinople par les Croisés, en 1204, dans le trésor impérial, et qui a dû faire partie, avant les invasions perses et arabes, du trésor du *Saint-Sépulcre*. (*Exuviæ sacræ Constantinopolitanæ*, par le comte RIANT. Genevæ, MDCCCLXXVIII, 2 vol. in-8, t. II, p. 233.)

(7) Comte RIANT, *Études sur l'histoire de l'Église de Bethléem*, p. 34, 35, n° 6.

Jésus-Christ (1) ; la sainte lance, qui perça le flanc de l'Homme-Dieu et brille la nuit de l'éclat du diamant (2). Voici la tunique sans couture de Jésus-Christ (3), gloire aujourd'hui de l'église d'Argenteuil (4). Voilà le calice d'onyx (5), avec lequel Jésus-Christ, dit-on, célébra la sainte Cène. Un jour, les héros d'Occident, les chevaliers de la Table Ronde, quittant le palais du roi Arthur et le sourire de la belle Iseult, partiront à la recherche de ce trésor, et la conquête du *Saint-Graal*, après mainte aventure, fera l'objet de tout un cycle d'héroïques et touchantes épopées (6). A côté, voici une coupe d'émeraude, honneur aujourd'hui du trésor de Gênes et qui aurait également servi au suprême et immortel festin (7), ainsi

(1) ANTONINUS *martyr, De locis sanctis*, § 18, p. 101. — *De locis transmarinis sacris*, p. 125. — ANTONINUS, *Itinerarium*, p. 368 des *Itinera Hierosolymitana et descriptiones Terræ Sanctæ*, etc., t. I, *pars* II. *Société de l'Orient latin* (Genevæ, J.-G. Fick, 1880, in-8.)

(2) *Breviarius de Hierosolyma*, p. 57. — *Theodosius, De Terra Sancta*, § 4, p. 64. — Antonin de Plaisance la place dans l'église du Cénacle. (*De locis sanctis*, § 22, p. 103.) — *Itinerarium*, p. 371.

(3) *Itinera Hierosolymitana et descriptiones Terræ Sanctæ bellis sacris anteriora*, etc., *ediderunt Augustus Molinier et Carolus Kohler*, t. II, *pars* I, p. 251. (Genevæ, typis J.-G. Fick, 1885, in-8.) — *Fratris Felicis Fabri Evagatorium*, t. II, p. 241.

(4) Journal *L'Univers* du 23 août 1891, article de l'abbé V. DAVIN. — ROHAULT DE FLEURY, *Mémoire sur les instruments de la Passion de Notre-Seigneur Jésus-Christ*, p. 254, 255.

(5) ANTONINUS martyr, *De locis sanctis*, § 20, p. 102 et 103. — *De locis transmarinis sacris*, p. 126. — ANTONINUS, *Itinerarium*, p. 370. — Vers 670, le calice d'onyx est remplacé par une large coupe ou cratère d'argent qui est montré solennellement aux pèlerins comme le calice de la sainte Cène. (*Arculfi relatio de locis sanctis*, § 9, p. 152 *des Itinera et descriptiones Terræ Sanctæ lingua latina sæc. IV-XI exarata*, etc., t. Ier.) Le calice, vu par Arculfe à la fin du VIIe siècle, est probablement celui dont se servirent les Apôtres pour célébrer la Messe après la Résurrection. (ANTONINUS, *Itinerarium*, p. 371.)

(6) *Le Saint-Graal*, publié par HUCHON. (Le Mans, 1864-1868, 3 vol. in-8). — *Les Romans de la Table ronde*, par PAULIN (Paris, Plon, 1868-1872.) — ROMANIA, t. XII, p. 582.

(7) ROHAULT DE FLEURY, *Mémoire sur les instruments de la Passion*, p. 275 à 277. — GUILLAUME DE TYR, *Historia rerum transmarinarum*, lib. X, cap. XVI.

que le couteau mille fois sacré qui servit à découper l'Agneau pascal (1). Ce superbe livre des Évangiles, écrit en lettres d'or sur vélin presque transparent et splendidement enluminé, est l'œuvre, dit-on, de l'impératrice sainte Hélène; il fera, plus tard, la gloire de la basilique Sainte-Marie d'Athènes (2).

Voilà l'un des saints clous (3) : sainte Hélène a emporté les autres. Voilà l'éponge où les lèvres de Jésus-Christ s'abreuvèrent de fiel et d'amertume, le roseau qui servit de support à l'éponge (4), et une goutte du sang de Jésus-Christ qui, un jour, servira de rançon à l'âme d'une comtesse de Flandre (5). Voici le titre de la Croix avec l'inscription trilingue qui blessa si fort le patriotisme pharisaïque des Juifs déicides (6). Enfin, trésor incomparable, merveille des merveilles, relique sans prix, objet de l'amour enthousiaste et des transports des pèlerins, voici la sainte Croix elle-même dans son écrin d'or et de diamants (7), la sainte Croix, deux fois perdue

(1) Ce couteau a longtemps fait la célébrité de l'église Saint-Samson d'Orléans : les pèlerins de Saint-Jacques de Compostelle se détournaient de leur route pour venir le vénérer. (*Codex de Saint-Jacques de Compostelle (Liber miraculis S. Jacobi)*, liv. IV, publié pour la première fois par le R. P. Fita, membre titulaire de l'Académie royale d'histoire de Madrid. Paris, Maisonneuve, MDCCCLXXXII, broch. in-8° de 63 pages.

(2) Pèlerinage du notaire de Calvi, Nicolas de Marthono, en 1394 (*Bibliothèque Nationale. Dép^t des Manuscrits. Latin 17917. Anciens Blancs-Manteaux 51. Varia Ecclesiastica*, fol. 190-216).

(3) Celui sans doute qui fut envoyé en l'année 800 à l'empereur Charlemagne par le patriarche de Jérusalem. (Rohault de Fleury, *Mémoires sur les instruments de la Passion de Notre-Seigneur Jésus-Christ*, p. 203.)

(4) *Breviarius de Hierosolyma*, p. 58. — Antoninus martyr, *De locis sanctis*, § 20, p. 102. — *De locis transmarinis sacris*, p. 126. — Antoninus, *Itinerarium*, p. 370.

(5) *Mémoires d'Olivier de la Marche, publiés pour la Société de l'histoire de France* par Henri Beaune et J. d'Arbaumont, t. Ier, p. 76, 77. (A Paris, librairie Renouard, MDCCCLXXXIII, 4 vol. in-8°.)

(6) Antoninus martyr, *De locis sanctis*, § 20, p. 102. — Antoninus, *Itinerarium*, p. 369.

(7) Théodosius, *De Terra Sancta*, § 4, p. 64.

et deux fois inventée, que l'on garde jalousement avec la sainte Tunique et d'autres reliques précieuses, dans une chapelle spéciale (1) et que, sauf aux pèlerins de sang impérial, on ne montre qu'une fois l'an : le 14 septembre, fête de l'Exaltation de la Croix (2). Quand on la retire du réduit (*cubiculum*) où elle repose, pour la dresser sur un autel d'or et d'argent dans la Basilique de Constantin, une étoile à la blanche clarté, se détachant du ciel, perce la voûte de la Basilique, planant au-dessus de la Croix et rayonne au-dessus d'elle durant tout le temps qu'elle demeure exposée (3). Mais, hélas ! la partie la plus précieuse de ce bois inestimable n'est pas ici : la surface sur laquelle s'est appuyé le Corps divin de Jésus a été enlevée au ciel où nous la retrouverons au Jugement dernier (4). Quant à la couronne d'épines (5), on la conserve aussi à Jérusalem, mais elle fait, avec la colonne de la flagellation, l'une des pierres de la lapidation de saint Étienne, et la lampe qui éclairait la nuit les entretiens de Jésus avec ses apôtres (6), la gloire de l'église du Cénacle sur le mont Sion.

Jérusalem, du reste, dans la légende chrétienne et l'épopée chevaleresque, demeure, jusques au delà du

(1) *Itinera hierosolymitana et Descriptiones Terræ Sanctæ bellis sacris anteriora* etc., t. II, *pars* I (30-600), page 251. — Conf. Saint Paulin de Nole, t. LXI, *Epistola* 31, col. 329 et *Epist.* 49, col. 407.

(2) *Theodosius*, § 5, p. 64. — SAINT GRÉGOIRE DE TOURS, *De gloria martyrum*, cap. VI, col. 711 du tome LXXI de la *Patrologie latine* de l'abbé MIGNE.

(3) ANTONINUS martyr, *De Locis sanctis*, § 20, p. 102. — *De locis transmarinis sacris*, p. 126. — ANTONINUS, *Itinerarium*, p. 370.

(4) THEODOSIUS, *De Terra Sancta*, § 4, p. 64.

(5) SAINT-PAULIN, *Epist.* 49 *ad Macarium* (*Patrologie latine* de l'abbé MIGNE, t. LXI, col. 407.) — *Breviarius de Hierosolyma*, p. 58. — THEODOSIUS, *De Terra Sancta*, § 6, p. 65. — ANTONINUS martyr, *De Locis sanctis*, § 22, p. 103.

(6) *Breviarius de Hierosolyma*, p. 58, 59. — THEODOSIUS, *De Terra Sancta*, § 6, p. 65. — ANTONINUS martyr, *De Locis sanctis*, § 22, p. 103. — *De locis transmarinis sacris*, p. 126. — ANTONINUS, *Itinerarium*, p. 370, 371.

XIVe siècle, la terre des merveilles et le pays de l'idéal. C'est de là que proviennent, dans l'écrin des enchanteresses, les herbes miraculeuses cueillies jadis au pied du Calvaire (1) et tout imprégnées du sang de Jésus, et, sur le front des héros, les heaumes invulnérables découverts par les chercheurs de trésors dans les vieux cercueils de porphyre (2).

Mentionnons encore, parmi les plus augustes reliques de notre Basilique, les traces du sang de Jésus-Christ sur le Calvaire (3), l'autel où Abraham offrit son holocauste (4), la pierre sur laquelle fut égorgé saint Zacharie, transformée en autel devant le *Saint-Sépulcre* (5), et enfin une autre pierre sur laquelle se serait reposée la Sainte Vierge et à laquelle se rattache une légende trop obscure (6) pour être relatée ici.

Et maintenant, bon pèlerin d'aujourd'hui, si calme et peut-être tout bas si désillusionné, juge de l'émerveil-

(1) Roman de ÉLIE DE SAINT-GILES, t. XXII, p. 419 de l'*Histoire littéraire de la France*. (A Paris, MDCCCLII, in-4°.)

(2) Roman de AYE D'AVIGNON, t. XXII, p. 337, 338 de l'*Histoire littéraire de la France*.

(3) ANTONINUS martyr, *De Locis sanctis*, § 19, p. 101, 102. — *De locis transmarinis sacris*, p. 125. — ANTONINUS, *Itinerarium*, p. 369.

(4) *Breviarius de Hierosolyma*, p. 58. — THEODOSIUS, *De Terra Sancta*, p. 63. — *De situ Terræ Sanctæ*, p. 85. — ANTONINUS martyr, *De Locis sanctis*, § 19, p. 102. — ANTONINUS, *Itinerarium*, p. 369.

(5) *Breviarius de Hierosolyma*, p. 58.

(6) THEODOSIUS, *De Terra Sancta*, §20, p. 69. — *De situ Terræ Sanctæ*, p. 88, 89.

Nota. — Sur toutes ces reliques et d'autres encore, voir, outre les ouvrages cités :

1° ALEXII I *Comneni Romanorum imperatoris ad Robertum I Flandriæ comitem Epistola spuria*. (Édition du comte RIANT), Genevæ, MDCCCLXXIX, in-8, *passim* et p. 47 à 51.

2° *Exuviæ sacræ Constantinopolitanæ*, etc. (Édition du comte RIANT), Genevæ, MDCCCLXXVII et MDCCCLXXVIII, 2 vol. in-8°.

3° *Mémoire sur les instruments de la Passion de Notre-Seigneur Jésus-Christ* par ROHAULT DE FLEURY, *ancien élève de l'Ecole polytechnique*. (Paris, Lesort, MDCCCLXX, gr. in-4°, *passim*.) — Voir aussi TILLEMONT, *Mémoires pour servir à l'histoire ecclésiastique des six premiers siècles*, t. VII, art. IV, p. 9, 10. (A Paris, MDCCVI, in-4°.)

lement du pèlerin d'autrefois, arrivant tout poudreux et fourbu des hautes terres d'Écosse, des forêts de la Germanie ou des champs brûlés de l'Espagne, et pénétrant dans ce paradis terrestre, dans cet Élysée religieux de la *Basilique du Saint-Sépulcre*, et, debout dans la cour d'honneur pavée de marbres précieux, parmi les arbres verts entourés de portiques, considérant d'un œil justement ébloui ces trois églises (1), chef-d'œuvre de l'art byzantin et ce « musée des souverains, » où les splendeurs de l'art, rehaussées du feu des pierreries, le disputent aux pieux souvenirs et aux gloires religieuses !

XIX

DERNIERS JOURS (2).

26 mai 614.

Mais, comme dit la mélancolique chanson, « hélas ! que les beaux jours sont courts..... » Courts, ils le furent surtout pour cette Basilique sans pareille, chef-d'œuvre artistique et religieux dont nous venons de décrire les merveilles.

Du côté de l'Orient, un noir nuage se forme : une puissance formidable, homicide, celle des Perses, vainqueurs des Parthes, concentre ses innombrables escadrons et ses cavaliers revêtus d'écailles de fer contre Jérusalem et la *Basilique du Saint-Sépulcre*.....

Plus d'armée, plus d'espoir : l'empire grec agonise ! Du côté de l'Europe, d'affreux sauvages, les *Avares*, donnent l'assaut aux murailles de Byzance ! Du côté de l'Asie, les

(1) *S. Hilarii tractatus de mysteriis et Hymni* et *S. Silviæ aquitanæ peregrinatio ad Loca Sancta*, etc. (Romæ, 1887, in-4°), p. 76 et suiv.

(2) COURET, *La Palestine sous les empereurs grecs*. 326-636. (Grenoble, imprimerie Allier, 1869, in-8°) p. 239 à 248. — LUDOVIC DRAPEYRON, *L'empereur Héraclius et l'empire byzantin* (Paris, Thorin, 1869, in-8°), p. 84 à 119. — DULAURIER, *Chronologie arménienne* (Imprimerie impériale, 1859, in-4°), p. 120 et suiv.

Perses interceptent tout secours, campent à *Chalcédoine* (Kadi-Keui), et jettent des ponts sur le Bosphore pour donner la main aux *Avares* sur les ruines sanglantes de la capitale du monde civilisé, de la *nouvelle Rome!* Comme dit le poète : « Le jour fatal est venu, et l'heure inexorable a sonné à l'horloge du temps !.... (1) » La *Basilique du Saint-Sépulcre*, la Basilique de Constantin et de sainte Hélène, la merveille de l'Orient, va périr incendiée par la main forcenée, par la main des brigands de l'Asie antérieure..... Et cependant, telle était la révérence inspirée, même à des ennemis invétérés, par cet auguste sanctuaire, que — dit la légende arménienne, — les Perses, malgré leur haine, n'osèrent pas d'abord le détruire, cédant peut-être aux instances de Marie, la sœur de l'empereur Maurice, devenue la femme de leur roi Chosroès II.

Frappée simplement d'une forte contribution de guerre, Jérusalem, dit la légende, avait été épargnée par son farouche vainqueur, le général *Romizanès*, surnommé le *Sanglier royal*, mais trop prompte à l'espoir, trop altérée de revanche et trop confiante dans ses forces, elle se révolta après le départ de l'armée ennemie, égorgea la petite garnison perse laissée dans le prétoire, et la tour de David reprit son indépendance et arbora de nouveau l'aigle romaine sur ses tours (2).

Les Perses, occupés à construire le palais de Mechitta, au delà du Jourdain (3), seraient revenus altérés de vengeance, auraient pris d'assaut Jérusalem, égorgé la population, saccagé la ville et incendié la *Basilique du Saint-Sépulcre*, dont ils emportèrent les trésors d'abord à Tauris, puis à Ctésiphon. Seul, le *Saint-Sépulcre* lui-

(1) VIRGILE, *Enéide, liv. II, vers.* 323.

(2) DULAURIER, *Chronologie arménienne*, p. 223. — L. DRAPEYRON, *L'empereur Héraclius et l'empire byzantin*, p. 102 à 103.

(3) *Au delà du Jourdain*, par le R. P. MARIE-JOSEPH LAGRANGE, des FF. PP., dans la *Science catholique*, 1890, p. 14 et 15.

même, protégé par une force mystérieuse, aurait échappé à la ruine générale (1).....

Est-ce légende ou vérité? je l'ignore; toujours est-il que, victime expiatoire de l'empire grec, la *Basilique du Saint-Sépulcre,* aux cris de douleur du monde chrétien, s'abîma dans les flammes (2). . . . .

. . . .

Adieu donc, Basilique merveilleuse, Basilique sans pareille et chérie, toute de marbre, d'albâtre, de mosaïque et d'émaux, aux colonnes de porphyre, aux autels d'orfèvrerie, aux chapiteaux d'argent, aux lambris de cèdre doré, orgueil de l'Orient chrétien, que les ermites de Judée venaient saluer avant de mourir (3), où les moines du Sinaï étaient transportés en esprit pour y recevoir la Sainte Communion. Adieu, tes destins sont achevés! Reçois ici l'hommage de notre « inconsolable admiration »! Va rejoindre dans les limbes incertaines des monuments détruits, des villes disparues, des merveilles évanouies, va rejoindre la tour légendaire de Babel, le temple de Salomon, la bibliothèque d'Alexandrie (4), le Capitole de la vieille Rome et les cités écroulées de l'antique Égypte, ou plutôt va dans le ciel, former avec elles le musée de Dieu, joie des anges et extase perpétuelle des bienheureux !.....

(1) *Fratris Felicis Fabri Evagatorium,* etc., t. II, p. 241. (Stuttgardiæ, 1843, 3 vol. in-8°.)

(2) COURET, *La Palestine sous les empereurs grecs,* p. 242 à 245. — L. DRAPEYRON, *L'empereur Héraclius et l'empire byzantin,* p. 101 à 103.

(3) JEAN MOSCH, *Pratum spirituale, cap.* XCI, col. 2949 du tome LXXXVII, *pars tertia,* de la *Patrologie grecque* de l'abbé MIGNE.

(4) Celle qui fut brûlée dans la lutte de Jules César contre les Égyptiens.

CHAPITRE II

BASILIQUE DE MODESTUS

614-1010.

I

LE PARJURE D'HÉRACLIUS (1)

14 septembre 629.

Un pauvre moine essaye de relever par ses propres forces l'édifice incendié, mais, sans doute, encore debout dans ses œuvres principales. *Modestus,* abbé de Saint-Théodose, aidé de son ami le moine Antiochus, le plus célèbre prédicateur de l'époque, ranime le courage de la population décimée, quête par tout l'Orient, envoie des circulaires aux évêques, sollicite de tous côtés des secours et commence à relever de ses ruines le monument martyr. Le patriarche d'Alexandrie, saint Jean l'Aumônier, s'illustre, en cette circonstance, par sa religieuse munificence (2).

Déjà, la Basilique nouvelle s'élevait au-dessus du sol, et, quoique bien moins somptueuse que la précédente, dessi-

(1) EUTYCHIUS (*Ibn-Batrick*), *Annales*, col. 1089, 1090 du tome CXI de la *Patrologie grecque* de l'abbé MIGNE. — GEORGIUS HAMARTOLUS, *Chronicon breve*, lib. IV, col. 833 du tome CX de la *Patrologie grecque* de l'abbé MIGNE.

(2) COURET, *La Palestine sous les empereurs grecs*, p. 245 à 247.

nait dans les airs les lignes élégantes de sa noble architecture, imitée de Sainte-Sophie de Constantinople (1), quand, tout à coup, une nouvelle inouïe vint faire tressaillir jusqu'au fond du cœur la Palestine tout entière, et faire vibrer, en quelque sorte, les assises de pierres de la nouvelle Basilique.

Par un prodige d'audace et de fortune, l'empereur de Constantinople, Héraclius, venait de ressaisir la victoire, de battre les Perses, de ruiner leur empire, et d'assurer à jamais la suprématie de l'aigle romaine sur le tablier de cuir des Sassanides. Il se rendait à Jérusalem pour restituer la sainte Croix et les instruments de la Passion retrouvés par lui dans le palais de Ctésiphon (2).

Une unanime explosion de joie salue cette nouvelle, et, lorsque les éclaireurs, revenus à bride abattue, annoncent l'arrivée lointaine du cortège impérial, descendant, comme autrefois sainte Hélène, le versant raboteux du Scopus, la foule des moines prévenus à l'avance se forme en procession dans la Basilique inachevée et sur le parvis du *Saint-Sépulcre*, pour marcher au-devant de l'empereur.

Ici se place une curieuse légende que nul, à notre connaissance, n'a racontée, et qui peint bien la haine de race et la fureur religieuse excitée dans l'âme, à la fois sanguinaire et fervente, des moines exaspérés par l'incendie de la *Basilique du Saint-Sépulcre* et les ravages des Perses.

(1) J. R. Macpherson, *The Church of the Resurrection, or of the Holy Sepulchre*, § 2, p. 430 à 435 de la Revue intitulée : *The English Historical Review*, nº 27, vol. VII, July 1892. (London, Longmans, Green and Co, in-8º.)

(2) Sur tous ces faits et les autorités qui les établissent, voir : Couret *La Palestine sous les empereurs grecs*, p. 248 à 253, et L. Drapeyron *L'empereur Héraclius et l'empire byzantin*, p. 167 à 266.—Sur les instruments de la Passion et leur retour à Jérusalem, voir Rohault de Fleury, *Mémoire sur les instruments de la Passion de Notre-Seigneur Jésus-Christ*, p. 54, 55, 59, 270, 271, 274.

Les moines rencontrent Héraclius un peu au delà des ruines de la basilique de Saint-Étienne, incendiée durant l'invasion, et dont les lourdes colonnes de granit gris gisent encore sur les dalles sanglantes.

« Salut, César invincible, trois fois auguste et trois fois victorieux, s'écrient-ils, en frappant le sol de leur front; salut, sois le bienvenu dans cette Jérusalem à laquelle tu viens rendre sa gloire et ses beaux jours! Que ton nom soit béni à travers les siècles! Mais, au nom du Dieu tout-puissant et de la bienheureuse Marie, Mère de Dieu, accorde à tes serviteurs, accorde-nous une grâce! — Elle est accordée d'avance, répond l'empereur, avec un aimable sourire. — Eh bien! César, ordonne l'égorgement immédiat de tous les Juifs de Palestine, de Dan à Beerseba, et des sources du Jourdain au torrent d'Égypte; et, comme ton prédécesseur Hadrien, défends que jamais un Juif n'ose franchir le seuil de Jérusalem! Voici pourquoi nous t'adressons cette supplique : A l'arrivée des Perses, les Juifs, courant au-devant d'eux, se sont offerts à leur servir de guides; ils les ont excités au carnage de Jérusalem, la Ville Sainte, à la ruine du *Saint-Sépulcre*, au sac de nos églises et au massacre de nos frères de Saint-Sabas. Même ils ont racheté d'eux, à vil prix, 80 000 prisonniers chrétiens qu'ils ont froidement, lâchement égorgés. César, rends à ces maudits, à ces fils de Satan, le mal qu'ils ont fait à ton peuple! — Impossible! répond l'empereur, vous me demandez la seule chose qu'il ne me soit pas loisible de vous accorder..... Passant à Tibériade, le riche juif Benjamin (1) est venu à ma rencontre, il m'a reçu princièrement dans sa demeure, a défrayé toute ma suite, et, pour toute grâce, pour grâce

(1) Nommé dans *S. Theophanis chronographia*, A. C. 620, col. 676 du tome CVIII de la *Patrologie grecque* de l'abbé Migne.

unique, m'a demandé à genoux la solennelle promesse de ne faire aucun mal aux Israélites. J'ai juré sur le Christ, je ne puis me dédire. — Viole ton serment, César, s'écrient les moines tout d'une voix, viole ce serment arraché par la fraude et ordonne par toute la Palestine le massacre unanime des Juifs : nous prenons ton crime sur nous! Qu'il retombe sur notre tête et, pour

expier ce parjure, nous instituerons un jeûne spécial et strict que nous célébrerons chaque année durant la première semaine de Carême. César, accorde ce que nous te demandons, ce sera justice. Nous prenons le parjure sur nous!..... »

Cédant aux instances des moines, l'empereur ordonna l'égorgement immédiat de tous les Juifs de Jérusalem et de la Palestine, et, dit la légende du IXe siècle, les Cophtes d'Égypte célèbrent encore aujourd'hui, durant la première semaine de Carême, le jeûne solennel institué à Jérusalem par les moines de Judée en expiation du serment trahi par Héraclius!.....

II

L'EXALTATION DE LA CROIX (1)

14 septembre 629.

Combien, à cette sinistre légende, légende de haine et de sang, je préfère la brillante légende aux trois quarts historique de l'*Exaltation de la Croix*, vrai labarum de pourpre et d'or, semblable à celui qui guidait au combat les armées byzantines et marchait au-devant du cortège impérial d'Héraclius entrant à Jérusalem par la Porte dorée!.....

Cet empereur, pieds nus, sans couronne, une simple tunique de lin au lieu du manteau d'écarlate et des brodequins de pourpre semés d'aigles d'or, tenant à deux mains, de ses mains révérentes et victorieuses, la *sainte Croix*, qu'il vient, par une série d'éblouissantes victoires, d'arracher aux mains sacrilèges des païens, et franchissant, comme Jésus-Christ, le jour du dimanche des Rameaux, le seuil de marbre de la Porte dorée, quel spectacle, quel drame, quelle merveille à la fois historique et légendaire, quel rayon lumineux entre les deux noirs orages de l'invasion des Perses et de la conquête des Arabes!.....

N'est-ce pas trop beau pour être vrai, beau comme la fable et l'épopée, beau comme la poésie, cette menteuse sublime, plus vraie dans ses fallacieux récits que l'histoire dans son aride et funèbre nomenclature!.....

(1) COURET, *La Palestine sous les empereurs grecs*, 326-636, p. 252-253 et auteurs cités. (Grenoble, imprimerie Allier, 1869, in 8°.) — *L'exaltation de la sainte Croix*, par le baron ADOLPHE D'AVRIL, p. 305, 306, 307, 330 à 336. (*Bulletin de l'Œuvre des pèlerinages en Terre Sainte*, t. II. Paris, au Secrétariat de l'Œuvre des pèlerinages, 1861, in-8°.) — *L'empereur Héraclius et l'Empire romain au VIIe siècle*, par LUDOVIC DRAPEYRON, ch. XVI, § 6, p. 283 à 285. (Paris, Ernest Thorin, 1869, in-8°.)

Puis, écoutez la suite! Dans la Basilique encore inachevée, aux cintres interrompus et aux voûtes pendantes, le superbe cortège, encadré entre deux haies de légionnaires aux armures dorées, au casque à l'aigrette vermeille, s'engouffre avec enthousiasme. Le patriarche Zacharie, en habits épiscopaux, en pallium blanc, mitre d'or en tête et crosse à la main, accueille l'empereur à l'entrée du *Saint-Sépulcre,* reçoit la sainte Croix encore enfermée dans son écrin d'or, vérifie l'intégrité du sceau jadis apposé par lui-même sur le reliquaire, monte sur l'ambon et présente au peuple et aux soldats le sublime trophée!.....

Une immense acclamation lui répond : Jérusalem est consolée de ses malheurs! la vue de la sainte relique lui a fait tout oublier. *Le Christ règne! il est vainqueur! il commande en maître!.....*

III

LE PATRIARCHE ET LE CALIFE (1)

2 février 637.

Quel triste lendemain, à cette fête incomparable! Le lendemain, c'est l'empereur perdant son auréole et fuyant épouvanté, fuyant à bride abattue devant une nouvelle invasion. Le lendemain, ce sont les armées byzantines quatre fois mises en déroute par les Arabes; c'est la grande défaite du *Yarmouk* qui livre définitivement la

(1) COURET, *La Palestine sous les empereurs grecs,* p. 266 à 269. (Grenoble, imprimerie Allier, 1869, in-8°.) — *L'empereur Héraclius et l'Empire byzantin au VIIe siècle,* par LUDOVIC DRAPEYRON, p. 370 à 373. (Paris, Thorin, 1869, in-8°.) — *Histoire de Jérusalem et d'Hébron depuis Abraham jusqu'à la fin du XVe siècle de J.-C. Fragments de la chronique de Moudjir-ed-Dyn traduits sur le texte arabe,* par HENRY SAUVAIRE, p. 36 à 43. (Paris, Ernest Leroux, 1876, in-8°.) — *Le Temple de Jérusalem, monographie du Haram-ech-chérif,* etc., par le comte MELCHIOR DE VOGÜÉ, p. 73 à 75. (Paris, Noblet et Baudry, 1864, in-folio.)

Palestine à l'islamisme; c'est enfin le patriarche Sophronius fortifiant Jérusalem, postant des archers sur les tours, et la défendant avec désespoir contre les émirs du Calife. Le lendemain, c'est le patriarche lui-même, montant sur le faîte de la tour de David, et là, les yeux

baignés de larmes, considérant au loin le morne et sanglant horizon, regardant avec une anxiété poignante si, comme le disait saint Aignan, le secours de Dieu n'apparaîtrait pas au loin!..... — Le secours viendra, patriarche admirable, héroïque défenseur et père dévoué de ta ville épiscopale, il viendra!..... mais dans cinq cents ans d'ici, avec Pierre l'Ermite et Godefroy de Bouillon! Il viendra..... mais tu ne le verras pas!..... Ah! sans doute, par une faveur de Dieu, tu tressailleras dans ton cercueil de pierre, quand les éperons dorés des paladins d'Occident résonneront victorieux sur les dalles de la *Basilique du Saint-Sépulcre,* quand ton futur successeur, Arnoul de Rohes, entrera, dit la légende arménienne, dans la *Basilique du Saint-Sépulcre,* les mains collées par le sang sur la garde de son épée (1)!..... La mort, la douce, clémente et sainte mort, la grande et miséricordieuse libératrice, va bientôt t'affranchir de l'amer, du brûlant regret d'avoir dû ouvrir toi-même les portes de Jérusalem au Calife victorieux, et de lui avoir livré, en pleurant, la mort dans l'âme et la honte au front, de lui avoir livré à jamais, pour y construire une mosquée, la plate-forme, tout envahie de ronces et de décombres, de l'esplanade du Temple et la roche fameuse de la *Sakkrah!.....* La tyrannie musulmane, de plus en plus étouffante, s'appesantira sur Jérusalem : les croix seront abattues, les monastères saccagés (2), l'*église du Saint-Sépulcre,* à demi détruite, s'écroulera en partie (3), et l'un de tes successeurs, le patriarche Georges (4), poussera vers l'Occident un cri désespéré!..... Cet appel sera entendu : la légende et l'histoire s'uniront pour le recueillir.

(1) *Extrait de la chronique de Michel le Syrien,* p. 329 du tome Ier des *Documents arméniens* dans le *Recueil des historiens des Croisades publiés par les soins de l'Académie des Inscriptions et Belles-Lettres.*

(2) Couret, *La Palestine sous les empereurs grecs,* p. 271.

(3) *Lettre d'Anseau, chantre du Saint-Sépulcre de Jérusalem, à Galon, évêque de Paris.* (*Gallia christiana,* t. VII, col. 44, 45. Parisiis ex typographia regia, in-folio.)

(4) Couret, *La Palestine sous les empereurs grecs,* p. 271 et suiv.

Le moine et le guerrier franc.

IV

LE MOINE ET LE GUERRIER FRANC

797 (1).

Un soir, au moment où les rayons du soleil mourant disparaissaient derrière le massif d'âpres collines qui ferment à Jérusalem la vue lointaine de la Méditerranée, deux hommes heurtèrent d'une main ferme les vantaux de cèdre de la *Basilique du Saint-Sépulcre:* un moine en robe noire, une couronne de cheveux autour de son crâne rasé à la mode des fils de saint Benoit, et un guerrier de haute stature, à la chevelure blonde, à la longue moustache, au casque d'acier conique, surmonté de deux ailes de dragon, à la cuirasse d'écailles d'or, aux jambes nues, emprisonnées dans des bandelettes purpurines, et à la longue et lourde épée, suspendue à son flanc par un baudrier de cuir agrémenté d'or et d'ambre. Derrière eux, grimaçant, l'air hypocrite et le front déprimé, se tient un personnage de louche allure : c'est le Juif *Isaac,* qui leur sert de guide et d'interprète dans les contrées d'outremer.

Au guichetier qui leur ouvre en grondant, ils demandent, d'un air peu poli, à parler au patriarche.....

On les introduit, non sans quelque réserve, auprès du chef vénéré de la chrétienté orientale de Jérusalem, et, après s'être respectueusement incliné, le moine prend la parole : « Nous sommes, dit-il, les envoyés du grand chef de la nation des Francs et patrice des Romains, de l'invincible Charlemagne, le protecteur du pape et le vainqueur des Sarrasins et des Saxons, vers lequel, naguère, tu as poussé un cri d'angoisse et de supplica-

(1) Sur cette députation, voir *Archives de l'Orient latin,* t. Ier, p. 11, note 8. (Paris, Leroux, 1881, gr. in-8°.)

tion! Ce cri a été entendu. Désormais, le peuple des Francs étend sur Jérusalem sa main tutélaire et puissante : tes oppresseurs le trouveront devant eux; et désormais, l'épée de la France sortira du fourreau au premier cri d'appel de Jérusalem opprimée!

» Le Calife de Bagdad, le célèbre Haaroun, d'auprès duquel nous arrivons, a remis au Roi des Francs le protectorat des Lieux Saints : à partir de ce jour, le *Saint-Sépulcre* et le *Calvaire* sont en terre française!..... Mais, donne-nous, seigneur, donne-nous un gage, un signe extérieur de ta main, qui prouve à l'illustre Charlemagne que nous avons bien et fidèlement rempli notre mission! »

Les mains et les yeux au ciel et tombant à genoux, le patriarche remercie Dieu de cette joie inattendue, et, prenant dans son trésor la clé et l'étendard du *Saint-Sépulcre,* les remet aux envoyés comme gage et récompense de leur ambassade.

V

CHARLEMAGNE (1)

801 (?).

La légende fait mieux encore : ce ne sont plus de simples médiateurs, des *Missi dominici* plus ou moins

(1) *Les Saints Lieux, d'après la chanson du voyage de Charlemagne à Jérusalem*, p. 3 à 8 des *Itinéraires à Jérusalem et des descriptions de la Terre Sainte rédigés en français aux* XIe, XIIe *et* XIIIe *siècles*, publiés par HENRI MICHELANT et GASTON RAYNAUD. (Genève, imprimerie Jules Guillaume Fick, 1882, in-8°.) — *Archives de l'Orient latin, publiées sous le patronage de la Société de l'Orient latin*, t. Ier, Ire partie p. 11 à 16, texte et notes 3 à 26. (Paris, Ernest Leroux, 1881, gr. in-8°.) — LÉON GAUTIER, *Épopées françaises*, 2e édit. t. III, ch. XIII, p. 270-308. (Paris, Palmé, 1880, 3 vol. in-8°.) — COURET, *La Palestine sous les empereurs grecs*, p. 274, 275, et auteurs cités. — ALPHONSE VÉTAULT, *Charlemagne*, p. 483-484. (Tours, Alfred Mame et fils, MDCCCLXXVII, in-4°.) — *Histoire poétique de Charlemagne*, par GASTON PARIS, p. 54 à 58, 337 à 344.

officiels qu'elle envoie au *Saint-Sépulcre,* c'est *Charlemagne* lui-même, le grand empereur, la tiare d'or au front, l'épée resplendissante au poing, et suivi des douze pairs de France !

Les voilà ! dit la vieille chanson de Gestes. Ils arrivent de Constantinople où ils ont causé à l'empereur grec de mortelles alarmes. Près de Scarpento, par une fatale erreur, s'écartant imprudemment du droit chemin, ils se sont égarés dans la forêt sombre, en grand danger d'être assaillis par les Sarrasins et dévorés par les bêtes farouches. Mais voici que, tout à coup, un oiseau merveilleux, sans doute un messager du ciel, s'est pris à voltiger devant eux en chantant d'une voix claire dans son éclatant ramage: « *Chere basilion muchos!* (1) Très victorieux empereur, Dieu te salue. » Et, par un sentier imperceptible, il les a conduits hors du péril (2). Depuis ce jour,

(Paris, Frank, 1865, gr. in-8°.) — *La chanson du pèlerinage de Charlemagne,* par GASTON PARIS. (ROMANIA, t. IX, année 1880, p. 1 à 50. Paris, F. Vieweg, in-8°.) — Voir aussi ROMANIA, t. XIII, 1884, p. 126 à 133 et surtout p. 185 à 232. (Article de H. Morf.)

(1) Le véritable texte grec parait être : Χαῖρε, βασίλειον νῖκος.

(2) *La seconde partie principale de ce present Liure contenant plusieurs voyages, guerres, croisees et expeditions faictes en la Terre saincte : pour la recouurance dicelle : Par plusieurs princes et Roys crestiens : Comme Charles martel, Pepin, Charlemaigne, Godeffroy de buillon et le roy sainct Loys, et plusieurs aultres qui ont regne et succede en ladicte saincte terre de Jherusalem, Avec listoire de Sophie, dit ysmael* (feuillet VII *verso*). Imprime à Paris par Nicolas hygman imprimeur pour Francoys regnault libraire iure en luniversite de Paris le douziesme iour de octobre Lan mil cinq cens et dix sept (fueil. et CXCII *verso*). Ce curieux traité (qui paraît être l'œuvre de Nicolas Gilles) fait suite au pèlerinage de Le Huen intitulé : *Le grant voyage de Jherusalem divise en deux parties, En la premiere est traicte des peregrinations de la saincte cite de Jherusalem: Du mont saincte Katherine de synay : et aultres lieux saincts, avec les a, b, c, des lettres grecques, caldees, hebraicques, et arabicques, avec aulcuns langaiges des turcs, translatees en francoys.*

En la seconde partie est traicte des croisees et entreprinses, faictes par les Roys et princes crestiens, pour la recouurance de la terre saincte, et augmentacion de la foy. Comme Charles martel, Pepin, Charlemaigne, le roy sainct Loys, Godeffroy de boulion, et aultres qui ont conqueste la cite de Jherusalem.

les pèlerins de Terre Sainte, raconte un vieil auteur (1), passant par ce même taillis, voient surgir devant eux l'oiseau prédestiné, voletant de branche en branche et, par un inexplicable prodige, redisant toujours dans son secourable et mélodieux refrain : *Très victorieux empereur, Dieu te salue!* Parvenus à Jérusalem et reçus à bras ouverts par le patriarche, nos héros se rendent, sans coup férir, maîtres de la Cité Sainte, se prosternent devant le *Saint-Sépulcre,* en baisent humblement les parvis et les parois ; et, sous le nom de *Latinie,* fondent à quelques pas, vers le Sud, une vaste colonie franque avec hospice, chapelle, bibliothèque et monastère. Ils partent enfin, comblés des bénédictions du patriarche et les mains pleines de reliques, de pieux trésors et de présents, laissant derrière eux, dans l'imagination des peuples, comme un lumineux sillage (2).

Ne souriez pas, amis lecteurs, ne criez pas trop fort

(1) *Idem*, feuillet 7 verso. — *Discours du voyage d'ovtremer au Sainct Sepulcre de Ierusalem, et aultres lieux de la Terre Saincte. Avec plusieurs traictez dont le catalogue est en la page 265.* Par ANTHOINE REGNAUT, bourgeois de Paris. Imprimé à Lyon, aux despens de l'autheur, 1573, in-4°, p. 42.

(2) L'expédition de Charlemagne aux Saints Lieux, après avoir été un simple pèlerinage entièrement pacifique, se transforme peu à peu dans l'imagination populaire en une Croisade armée et victorieuse. Dans cette seconde manière, le séjour à Constantinople précède, au lieu de la suivre, l'arrivée à Jérusalem. Nous avons adopté cette seconde manière comme plus légendaire et plus dramatique que la première. Comme exemple de ce second point de vue, citons ces vers de l'Orléanais Guillaume Guiart :

Par lui fu de paiens delivre
En son tens, (ce me dit le livre),
Jherusalem, la cité sainte,
Où Diex ot de sanc la char tainte
Et i remist Saint sacrement.

Branche des royaux lignages, chronique métrique de GUILLAUME GUIART, t. Ier, p. 332, vers 7641 à 7645. (Paris, éd. Buchon, MDCCCXXVIII, in-8°), — Voir aussi GASTON PARIS, *Histoire poétique de Charlemagne,* liv. Ier, ch. III, p. 54 à 58 et liv. II, ch. VI, p. 337 à 344. — *Mém. de l'Acad. des Inscrip. et Belles-Lettres,* t. XXI, p. 154. *Mémoire de* M. DE FONCEMAGNE.

du haut de votre érudition d'avant-hier, à l'invraisemblance, à l'anachronisme et à l'absurde. La Croisade de Charlemagne n'eut jamais d'existence : d'accord; c'est une fable: je le veux bien ; c'est une légende : ce n'est pas douteux. Mais, plus puissante que la subalterne histoire, tenue en laisse par les faits, cette auguste légende, accréditée vers la seconde moitié du XIe siècle (1), a été l'un des principaux leviers, l'un des grands mobiles de la première Croisade. Ce fabuleux récit a déterminé l'une des réalités historiques les plus considérables du moyen âge chrétien : *les Croisades!*.....

Et maintenant, si vous l'osez, riez, amis lecteurs, riez de la légende et de sa baguette de fée! La foi transporte les montagnes : la légende soulève les peuples, précipite les événements et engendre l'histoire!.....

VI

LA VISION DU PATRIARCHE (2)

De 813 à 821.

Ébranlé par les insultes des Arabes (3) qui même ont bâti, malgré la sauvegarde d'Omar (4), une insultante mosquée dans les dépendances de la Basilique (5), le dôme de l'*église du Saint-Sépulcre* (peut-être réédifié un peu hâtivement par l'abbé Modestus), chancelle et menace ruine. Comment obtenir de l'autorité musulmane

(1) *Revue historique*, n° de janvier-février 1894, p. 232, 233 citant *Die Legende Karls der Gossen in XI u. XII Jahrh. mit einem Anhang v. H. Lœrsch.* (Leipzig, Düncker et Humblot.)

(2) EUTYCHIUS (*Ibn Batrick*), *Annales*, col. 1130, 1131 du tome CXI de la *Patrologie grecque* de l'abbé MIGNE.

(3) *Gallia christiana*, t. VII. *Instrumenta ecclesiæ Parisiensis*, col. 44, 45 : *Lettre d'Anseau, chantre du Saint-Sépulcre de Jérusalem, à Galon, évêque de Paris.* (Parisiis, ex typografia regia, MDCCXLIV, *in-fol.*)

(4) EUTYCHIUS, *Annales*, col. 1099.

(5) *Idem*, co 1130.

la licence de le reconstruire et de quel trésor tirer les sommes nécessaires pour cette urgente et dispendieuse restauration?..... C'est ce que se demande avec angoisse, en se promenant à la vespre, au bord du Cédron, le grand patriarche *Thomas Tamrik*.

Mais, dit le proverbe arabe : « Si une heureuse étoile préside à ta destinée, dors en paix : les précipices s'aplaniront pour toi durant ton sommeil! » La Providence elle-même, dans sa tutélaire sollicitude, va se charger de résoudre cet inextricable et menaçant problème.

Voici que la famine se déclare et sévit par toute la Palestine. Les musulmans affamés, désertant Jérusalem où ils sont campés comme une aristocratie conquérante, se dispersent dans les provinces voisines à la recherche d'un morceau de pain. La Ville Sainte, livrée à elle-même, ne conserve que sa population indigène vivant des aumônes du patriarcat. Quelle propice occasion! plus d'émir jaloux à séduire, plus de firman à obtenir au poids de l'or et à force d'intrigues!

D'autre part, un riche planteur de la Basse-Égypte, averti, on ne sait comment, du misérable sort de la coupole du *Saint-Sépulcre*, envoie au patriarche une somme importante et lui en promet davantage encore, demandant pour toute grâce qu'on ne sollicite de subsides de personne et qu'on lui réserve l'honneur exclusif de faire seul les frais du rétablissement total du dôme agonisant. Le patriarche accepte avec transport.

Durant la nuit, au fond de son palais, enveloppé, selon l'usage, dans le moustiquaire de gaze rouge, le patriarche, succombant au sommeil, songeait encore avec angoisse au grand œuvre qu'il avait entrepris. Déjà, il a fait acheter en Chypre et transporter à Jérusalem cinquante poutres de cèdres et de pins superbes, et de tel diamètre qu'un homme à peine pourrait en embrasser une de ses deux bras. Peu à peu, pièce à pièce et morceau par morceau, il a fait détacher la coupole vermoulue et dresser en sa place, pour recevoir les arcs concentriques de la charpente, les nouvelles poutres de cèdres.

Et voici que, vaincu par le sommeil et saisi par le rêve, le patriarche s'envole en esprit dans *l'église du Saint-Sépulcre.*

De l'une des colonnes qui soutiennent le dôme, au Sud, du côté de la chaire et tout près de l'autel (1), il voit dans son extase, il voit tout à coup surgir quarante fantômes lumineux qui, s'arc-boutant à la frise et se suspendant aux poutres, soutiennent comme autant de cariatides le cintre inachevé de la coupole à demi défaillante!..... Ah! s'écrie-t-il dans son rêve, ces fantômes sans doute, ces ombres secourables sont celles d'autant de martyrs, de martyrs ignorés et laissés sans honneurs! En mémoire de leur intervention, quarante poutres de cèdres, au lieu des cinquante projetées, soutiendront le dôme nouveau et, au pied de la colonne miraculeuse, je consacrerai un autel où l'on célébrera une fête annuelle, le 8 des ides de mars, en l'honneur de ces quarante martyrs (2).

Au matin, sorti des limbes du rêve et électrisé par sa vision, le patriarche accourt au *Saint-Sépulcre*, presse les travaux et, la coupole achevée, fait établir autour d'elle comme un revêtement protecteur et une enveloppe de sûreté, un second dôme, assis sur la face externe du mur massif de la rotonde, et séparé de la première par un chemin de ronde suffisant pour le passage circulaire

(1) Eutychius, *Annales*, col. 1130 : *Estque columna ista quæ sita est e regione pulpiti secus altare ad latus australe, juxta quam, quoties fuerit festum quadraginta martyrum, festum iis celebrant.*

(2) C'est là probablement l'origine de la curieuse tradition latine plaçant, au pied de cinq colonnes de la *Basilique du Saint-Sépulcre*, les tombes de quarante martyrs innommés. (*Innominatus II*, p. 120 du *Theoderici libellus de Locis sanctis editus circa A. D. 1172*, etc., von Titus Tobler, 1865, Saint-Gallen, Huber; Paris, A. Frank, in-12.)

d'un homme cheminant sur la crête du mur entre les deux coupoles (1).

VII

LE FEU SACRÉ (2)

870.

Si populaire en Orient, si scandaleuse pour l'Occidental, si puissante en Russie où elle soulève l'enthousiasme des foules et entraîne les peuples au *Saint-Sépulcre*, si repoussante pour tout chrétien digne de ce nom et objet de l'opprobre même et du mépris des musulmans, d'où vient l'étrange et légendaire cérémonie du FEU SACRÉ..... On l'ignore!.... Serait-elle la fille dégénérée du prétendu miracle du patriarche *Narcisse* qui, un jour, apprenant que les lampes de la basilique du Cénacle manquent d'huile, ordonne de les remplir d'eau pure, s'agenouille, prie quelques instants et les fait allumer (3)? O prodige! l'eau dont les lampes sont emplies s'est changée en une huile odorante, faisant briller les mèches d'un éclat inconnu.

Ne serait-ce pas plutôt un lointain souvenir, une tradition de l'Extrême-Orient, une fête nationale, une épopée religieuse de l'*Empire du Milieu*, filtrée à travers les siècles et l'immensité de l'Asie intérieure, fête solsticiale, destinée à saluer par l'embrasement de feux

(1) EUTYCHIUS, *Annales*, col. 1130, 1131.

(2) *Itinerarium Bernardi monachi Franci (circa 870)* n° 11 p. 315 des *Itinera Hierosolymitana et descriptiones Terræ Sanctæ bellis sacris anteriora*, etc. t. I *pars* 2. (Genevæ, typis J.-G. Fick, 1880, in-8°. *Société de l'Orient latin.*) — DE VOGÜÉ, *Les églises de la Terre Sainte*. Introduction, p. 19 à 23. (Paris, Victor Didron, MDCCCLX, in 4°.) — Mgr MISLIN, *Les Saints Lieux* (3e édition), t. II, p. 367 à 379. (Paris, Lecoffre, 1876, 3 vol. in-8°.)

(3) Eusèbe de Césarée, *Hist. ecclés.* l. VI, c. IX, col. 537, 540 du tome XX de la *Patrologie grecque* de l'abbé MIGNE. — *Fratris Felicis Fabri Evagatorium*, t. II, p. 234.

symboliques la victoire annuelle du soleil sur les ténèbres et le retour lumineux, après le solstice d'hiver, du joyeux printemps, amant de la nature, fils du soleil, père des fleurs et dispensateur de la vie (1)?

Mieux encore! ne serait-ce pas surtout le symbole, imaginé au milieu du IXe siècle par les moines orientaux, de la Résurrection du Christ, lumière du monde, flambeau de l'humanité et de la vie immortelle, sortant du tombeau et rayonnant des apothéoses fulgurantes de la Résurrection, après son mystérieux voyage et sa sombre victoire au pays des morts (2)?

Toujours est-il que le Samedi-Saint, à 10 heures du matin, l'évêque grec de Pétra, surnommé l'*évêque du Feu*, en grand habit de chœur, pénètre seul dans la crypte du *Saint-Sépulcre*, un flambeau éteint à la main, et que, après une longue prière, son cierge, touché, dit-on, d'un rayon céleste, s'enflamme subitement. Passant son flambeau allumé par une des ouvertures circulaires pratiquées dans le vestibule extérieur du *Sépulcre*, il tend la flamme à la foule qui, avide, fanatique, hurlante, affolée, se presse, s'étouffe, s'écrase et se tue pour allumer plus tôt sa lampe ou son cierge au flambeau miraculeux..... On connaît l'histoire de cette pauvre femme venue à pied et presque sans argent du fond des steppes de la petite Russie à Jérusalem, pour allumer son cierge au *Feu Sacré du Samedi-Saint* et le rapporter pieusement dans sa demeure. Elle accomplit heureusement son aventureux voyage, elle évita tous les périls, parvint au *Saint-Sépulcre* et alluma son cierge

(1) *Annales du Musée Guimet*, t. XII, *Les fêtes annuellement célébrées à Emoui (Amoy)*. Ire partie, p. 131 à 139, 208 à 219, 224 à 226. (Paris, Ernest Leroux, 1886, in-4°.)

(2) R. P. Dom Prosper Guéranger, abbé de Solesmes. *L'année liturgique, cinquième section. La Passion et la Semaine Sainte. Le Samedi-Saint*, p. 613 à 616. (Paris, Julien Lanier et Cie, 1857, in-8°).

au flambeau du patriarche; puis elle reprit pédestrement le chemin de sa cabane solitaire, conservant précieusement, avec des soins infinis, la petite flamme, objet de son amoureuse ardeur et de sa piété. Hélas! parvenue à Constantinople, un coup de vent du Bosphore, souffle orageux venu du froid *Hémus* (Balkan) ou du neigeux Caucase, éteignit le cierge qu'elle garantissait vainement contre sa poitrine de ses pauvres mains tremblantes..... A bout de ressources et de force, ne pouvant même retourner au

Saint-Sépulcre puisque le jour de la fête était passé, le cœur brisé, elle mourut de douleur et de déception. Le souffle glacé qui éteignit son cierge éteignit du même coup le flambeau de son humble vie!....

A en croire un vieux chroniqueur, un jour, en 1035, un musulman fanatique, au moment où le *Feu Sacré* allait paraître, arracha des mains d'un pauvre chrétien le cierge qu'il se disposait à allumer. Le chrétien, jetant des cris pitoyables, se précipite à la poursuite du ravisseur qui s'enfuit avec de bruyants éclats de rire et répétant par dérision le cri par lequel les Syriens saluent l'apparition du *Feu Sacré* : « Ἅγιος, Κύριε ἐλέησον ! » Mais, tout à coup, saisi par le démon, le Sarrasin abandonne le cierge, tombe dans les bras de ses compagnons, se tord, l'écume à la bouche, dans d'affreuses convulsions, et expire en blasphémant. L'évêque d'Orléans, Odolric de Broyes, assistait à ce drame et le raconta en Occident (1).

---

(1) Raoul Glaber, *Historiæ*, lib. IV, cap. vi, § 19, p. 107-108 de *Raoul Glaber et les cinq livres de ses histoires (900-1044)*, publiés par Maurice Prou (Paris, Alphonse Picard, 1886, in-8°) dans la *Collection de textes pour servir à l'étude et à l'enseignement de l'histoire* et p. 51 du *Recueil des historiens des Gaules et de la France*, etc., t. X. (Paris MDCCLX, in-folio.) — Voir aussi une autre légende relative au *Feu Sacré*, dans les *Échos de Notre-Dame de France*, n° du 31 décembre 1893, p. 252. (Paris, aux bureaux du *Pèlerin*, 8, rue François Ier.) — Voir surtout sur le *Feu Sacré* : *Vie et pèlerinage de Daniel, Hégoumène russe (1106-1107)*, p. 75 à 83 des *Itinéraires russes en Orient*, traduits pour la Société de l'Orient Latin, par Mme B. de Khitrowo, I, 1. (Genève, imprimerie Jules-Guillaume Fick, 1889, in-8°).

CHAPITRE III

BASILIQUE DE CONSTANTIN MONOMAQUE

27 septembre 1010-1130.

I

LES JUIFS D'ORLÉANS ET L'INCENDIE DE LA BASILIQUE (1).

27 septembre 1010.

Les langues de feu de l'incendie sont-elles donc, hélas ! le partage définitif et le sort inexorable de la *Basilique du Saint-Sépulcre?* Un Calife insensé, monstre de cruauté et de folie, Hakem le fatimite, Hakem-Biamr-Illah, qui règne au Caire et qui, fils d'une chrétienne, redoute comme une suprême injure de passer pour favorable aux chrétiens, ordonne d'incendier la *Basilique du Saint-Sépulcre !* L'œuvre de l'abbé Modestus va rejoindre dans les flammes le somptueux édifice élevé par le grand Constantin, et le patriarche de Jérusalem expire dans les supplices.

(1) ADHEMARUS, *Chronicon*, p. 152, 153 du tome X du *Recueil des historiens des Gaules et de la France*, etc., par des RELIGIEUX BÉNÉDICTINS DE LA CONGRÉGATION DE SAINT-MAUR (A Paris, MDCCLX in-folio), et surtout dans PERTZ, *Monumenta Germaniæ historica*, etc., t. IV, § 4, p. 137. — RAOUL GLABER, *Historiæ*, lib. III, ch. VII, §§ 24 et 25, p. 71 à 74 (édition Maurice Prou), etc. — *Archives de l'Orient latin*, t. Ier, 1re partie, p. 38 et 39, texte et notes 1 et 2. (Paris, Ernest Leroux, 1881, gr. in-8°.)

Le motif de cette barbare exécution serait, nous dit l'histoire, l'indignation excitée dans l'esprit du Calife par l'odieuse supercherie et la mystification sacrilège du *Feu Sacré*.

Mais la légende ne se contente point de cette trop simple et trop facile explication.

Dans cet incendie qui éclate comme un coup de foudre sur l'Occident consterné, et dont l'évêque de Périgueux, Rahoul de Cohé (1) et saint Siméon l'Ermite (2) rapportent en France la désolante nouvelle, je vois, dit la

légende, je vois l'odieuse main, la main perfide et ennemie de l'horrible Juif.

C'est un émissaire des Juifs d'Orléans, un misérable vagabond, ancien serf de l'abbaye de Moustier près d'Auxerre, qui, corrompu à prix d'or par les notables du *Ghetto* orléanais, s'est rendu au Caire, a obtenu

(1) ADHEMARUS, *Chronicon*, p. 153. — *Essai sur les anciens pèlerinages à Jérusalem suivi du texte du pèlerinage d'Arculphe*, par M. MARTIAL DELPIT. *Introduction*, p. 16. (Paris, Techener; Périgueux, J. Brunet, 1870, in-8°.)

(2) *Archives de l'Orient latin*, t. Ier, *pars* A, p. 38, note 1, citant PERTZ, *Mon. Germ.* SS. t. VIII, p. 230.

par l'influence de quelque eunuque une audience du Calife et a remis en ses mains l'épître calomniatrice, rédigée par le rabbin d'Orléans et cachée dans l'intérieur de son bâton de pèlerin. Dans cette lettre infâme, chef-d'œuvre de malice, d'imposture et de perfidie, les Juifs avertissaient le Calife que les peuples chrétiens nourrissaient le noir dessein de conquérir Jérusalem et, pour recouvrer le tombeau du Christ, se levaient déjà pour arracher à l'empire égyptien la belle province de Palestine. « Le seul moyen de prévenir cette catastrophe, ajoutait la missive, ô Prince des croyants, c'est d'anéantir le *Saint-Sépulcre* et la Basilique tout entière, pour ôter aux Latins tout espoir et tout désir de s'en emparer (1) »!

L'odieux conseil fut suivi. Le messager triomphant vint à Jérusalem pour assister à l'incendie de la Basilique et, nouveau Judas, recevoir de la synagogue un nouvel acompte sur le salaire convenu.

Mais un pèlerin orléanais l'avait aperçu à Jérusalem, assistant avec un rire de hyène à l'incendie de la *Basilique du Saint-Sépulcre*, et se vantant tout haut d'en être la cause. De retour à Orléans, ce pèlerin, un jour, traversant le Ghetto, reconnaît ce même mendiant causant tout bas, d'un air de haine satisfaite, avec le chef de la synagogue et se faisant compter par lui le complément de son salaire. Il court à l'évêché, dénonce le coupable, et le misérable transfuge, arrêté, mis à la question, avoue son crime qu'il expie, dit la légende, sur le bûcher, hors des portes de la ville.

(1) M. l'Abbé Cochard, chanoine titulaire d'Orléans et directeur des *Annales religieuses du diocèse d'Orléans*, dans son ouvrage actuellement sous presse, et intitulé : *La juiverie d'Orléans*, incline à considérer la lettre des Juifs orléanais comme authentique.

II

LE SPASME DE FOULQUES NERRA (1)

1011.

Cependant, comme la première fois, la Basilique sort de ses ruines. Grâce à la piété de Marie, mère de l'insensé Hakem, puis à l'habileté diplomatique des empereurs de Byzance et au zèle du patriarche Nicéphore, une troisième Basilique — modeste et incomplète — s'élève bientôt (2) sur les débris calcinés des deux premières (3). La légende s'y attache et y suspend sa guirlande de roses avec la même vitalité, le même enthousiasme et la même exubérance.

Quel est ce pèlerin, en robe déchirée, les pieds nus et sanglants, qui se flagelle lui-même avec fureur à travers les rues de Jérusalem (4), et arrive épuisé, haletant,

(1) *Histoire de Foulques Nerra, comte d'Anjou*, etc., par ALEXANDRE DE SALIES (Paris, Dumoulin; Angers, Barassé, 1871, in-8°), p. 123, 126, 127, 143 à 147, 393, 394, etc., et *Introduction*, p. XXXII et XXXIII. — *Gesta consulum andegavensium, auctore monacho Benedictino majoris-monasterii*, p. 463, 471, 472 des *Veterum aliquot scriptorum qui in Galliæ Bibliothecis, maxime Benedictinorum, latuerant Spicilegium, Tomus decimus, opera et studio Domni Lucæ Acherii*. (Parisiis, MDCLXXI, in-4°.) — *Historiæ andegavensis fragmentum, per Fulconem comitem andegavensem*, p. 394 (même ouvrage). — *Histoire des comtes d'Anjou de Th. Pactius*, p. 319 de la *Chronique d'Anjou* de MARCHEGAY et SALMON. — RAOUL GLABER, *Historiæ*, lib. II, cap. IV, § 5, p. 32 (édition Maurice Prou). — *Historia monasterii S. Florentii Salmuriensis*, t. V, col. 1114, 1115 des *Veterum scriptorum*, etc., *amplissima collectio de dom Martene*. (Parisiis, MDCCXXIX, in-fol.)

(2) Commencée dès l'année 1010 et terminée en 1048, sous le règne et par les soins de l'empereur *Constantin Monomaque*.

(3) DE VOGÜÉ, *Les églises de la Terre Sainte*, p. 122, à 163, 173, 189. — J. R. MACPHERSON, *The Church of the Resurrection, or of the Holy Sepulchre*, § 3, p. 669 à 675 de *The English Historical Review*, n° 28, vol. VII, *October 1892*. (London, Longmans, Green, and Co. in-8°.)

(4) Cet appareil et cette pénitence exorbitante se rapportent principalement au dernier des quatre pèlerinages de Foulques Nerra à Jérusalem, celui de 1035, mais la légende, heureusement, n'y regarde pas de si près. Les quatre pèlerinages de Foulques Nerra sont de

défaillant, presque évanoui, dans la *Basilique du Saint-Sépulcre?* Il acquitte sans murmurer les taxes arbitraires que lui imposent les douaniers musulmans et se prosterne à demi mort, dans la chapelle du *Sépulcre*, ses lèvres blémies appuyées sur le marbre adorable qui reçut et soutint durant trois jours le cadavre embaumé de Jésus-Christ!.....

Ce pèlerin, c'est Foulques III Nerra ou Foulques le noir, comte d'Anjou (1), Foulques le batailleur, Foulques le pillard, Foulques l'assassin (2), Foulques le réprouvé, le type indompté et barbare du féodal dans la mauvaise acception du mot. Il vient, pour la seconde fois, demander à Dieu la rémission de ses crimes et s'incline presque expirant, aux trois quarts évanoui, sur la pierre du *Sépulcre*.....

Tout à coup, un flot de larmes s'échappe de ses yeux, un spasme le saisit, un frisson secoue ses membres endoloris, sa main convulsive tantôt frappe sa poitrine à coups redoublés, tantôt serre à les arracher les torsades soyeuses de sa longue barbe, et dans un élan désespéré d'ardeur, d'amour et de remords, il saisit de ses dents crispées le rebord du *Saint-Sépulcre*, comme s'il voulait en arracher un lambeau...... O joie, ô surprise, ô

1002, 1011, 1035 et 1040. Voir, sur le premier pèlerinage, ALEX. DE SALIES, p. 123, 125 à 128. Sur le second, p. 123, 126, 127, 143 à 147, 393, 394. Sur le troisième, p. 271 à 274. Sur le quatrième, p. 285 et 286.

(1) Fils de Geoffroy Grisegonelle et de la première femme de ce prince, Adèle de Vermandois. En secondes noces, Geoffroy aurait épousé Adèle, fille du comte d'Autun et de Châlons. On peut aussi consulter sur Foulques Nerra l'ouvrage de Léonce Lex, *Eudes, comte de Blois, de Tours, de Chartres, de Troyes et de Meaux* (935-1037, etc. Troyes, Dufour-Bouquot, 1892, in-8°), p. 27, 29 à 34, 42 à 44, 46.

(2) Entre autres exploits, il avait fait brûler vive, à Angers, sur un simple soupçon, sa première femme, Élisabeth de Vendôme; il avait également fait assassiner Hugues de Beauvais et incendier le château de Saumur et l'abbaye de Saint-Florent. (*Histoire de Foulques Nerra, comte d'Anjou*, par ALEX. DE SALIES, p. 111, 141, 218, 219.)

Le spasme de Foulques Nerra.

bonheur! le marbre, dit la légende, s'amollit, cède sous la pression comme de la cire attendrie, et le pèlerin en extase, ravi, pleurant, délirant d'amour et de joie, ramène entre ses dents, arraché par son transport surhumain, un fragment du saint tombeau : preuve de pardon et faveur insigne accordée au courage, à la pénitence et à l'humilité......

Ce fragment, enchâssé dans l'or et les gemmes, a fait longtemps la gloire de l'église du *Saint-Sépulcre* du monastère de Beaulieu, près de Loches, en Touraine (1).

III

LE SOUFFLET DE ROBERT LE FRISON

1084.

D'un air superbe et d'un pas audacieux, un pèlerin téméraire entre dans la *Basilique du Saint-Sépulcre* et, sous prétexte qu'on lui réclame un *bakchich* excessif, rudoie

(1) ALEX. DE SALIES, p. 148, 149. A ce second pèlerinage de Foulques Nerra se rattache également une seconde légende, racontée notamment dans les *Gestes des comtes d'Anjou*, t. X, p. 463 du *Spicilège* de *Dom Luc d'Achery* (Parisiis, MDCLXXI, in-4°). Nous en donnons le texte en latin, le récit nous paraissant impossible en français :

Fulco siquidem sub conductu Jerusalem ducitur; portam tamen urbis intrare non potuit, ad quam peregrini ut intrarent violenter suas pecunias dare urgebantur : dato autem pretio tam pro se quam pro aliis Christianis, ad portam sibi prohibitam morantibus, urbem celeriter cum omnibus intravit, sed sepulcri claustra eis prohibuerunt : nempe cognito quòd vir Dei alti sanguinis esset, deludendo dixerunt, nullo modo ad sepulcrum optatum pervenire posse, nisi super illud et crucem Dominicam mingeret : quod vir prudens licet invitus annuit. Quæsita igitur arietis vesica, purgata atque mundata, et optimo vino albo repleta, quin etiam aptè inter ejus femora posita est, et Comes discalciatus ad sepulcrum Domini accessit, vinumque super sepulcrum fudit, et sic ad libitum cum omnibus sociis intravit, et fusis multis lacrymis peroravit. Mox duritia lapidis in mollitiem versa divinum sensit imperium, Comesque deosculando sepulcrum dentibus maximum evellit et abscondit frustum, quod delusis et ignorantibus Gentilibus, attulit secum. Qui et larga donaria pauperibus largiens a Surianis sepulcrum Domini custodientibus de cruce Dominica sibi dari promeruit. Qui regressus Lochis, ultra Angerim (sic) *fluvium, Belloloco-*

le chef de poste qui garde le vestibule. C'est Robert le Frison (1), comte de Flandre, proche parent du roi de France Philippe Ier, qui a épousé sa belle-fille (2). Brave comme son épée, ambitieux comme Jules César et turbulent comme un écolier, il manque de la première qualité du pèlerin : l'humilité et la douceur.

Cependant, son altercation avec le chef de poste continue et s'aggrave; elle se poursuit et se prolonge dans la Basilique. On veut l'empêcher de pénétrer dans la crypte du *Sépulcre*. L'officier de garde lui barre le chemin et le saisit par le bras! Le pèlerin le repousse avec tant de raideur que l'officier perd l'équilibre et tombe à demi sur les dalles glissantes. Furieux, il applique de sa main osseuse et malpropre, sur la joue du pèlerin, un retentissant soufflet!.....

Un soufflet à un gentilhomme, un comte souverain, un chevalier! un soufflet! la suprême injure, le déshonneur personnifié, la livrée de l'infamie! et cela en présence des pèlerins occidentaux et de nombreux assistants! Ce soufflet résonnant à travers l'espace vint frapper en pleine joue la noblesse occidentale. Toute la chevalerie de France et des Flandres se sentit blessée au cœur par cette déshonorante insulte infligée à l'un de ses plus illustres représentants : elle en poussa un long cri de

scilicet, Ecclesiam in honore sancti sepulcri, Monachos cum Abbate ibi imponens construxit. Voir aussi ALEX. DE SALIES, p. 123, 393, 394, et l'*Historia monasterii S. Florentii Salmuriensis*, t. V, col. 1114 et 1115 de *Veterum scriptorum et monumentorum historicorum* etc. *Amplissima collectio de dom* EDM. MARTENE et de dom URS. DURAND. (Parisiis, MDCCXXIX, in-folio.)

(1) *Alexii I Comneni romanorum imperatoris ad Robertum I Flandriæ comitem epistola spuria.* (Genevæ, MDCCLXXIX., in-8°.) *Préface*, p. 28, texte et notes 2 et 3, et p. 29 et 37, texte et note 1.

(2) Philippe Ier avait épousé Berthe de Hollande, belle-fille de Robert le Frison, c'est-à-dire fille de Florent de Hollande et de Gertrude de Saxe, laquelle, devenue veuve, épousa en secondes noces, vers 1068, Robert le Frison.

colère et tira à demi son épée du fourreau!..... Cette épée en jaillira bientôt à la voix de Pierre l'Ermite, et le soufflet de Robert le Frison — soufflet très probablement légendaire — sera un des mobiles décisifs de la première Croisade.

Et cependant, c'était, entre nous, un peu recommandable personnage que ce Robert le Frison, ce comte usurpateur qui avait dépouillé ses neveux du meilleur de leur héritage, que la légende transformait ainsi en martyr du *Saint-Sépulcre*, et pour lequel l'Occident se passionnait! Même, en signe de réprobation, dit une autre légende, les portes de la *Basilique du Saint-Sépulcre* se seraient, comme autrefois devant les hérétiques byzantins, fermées devant lui : il aurait dû, pour vaincre cette muette et vengeresse résistance, promettre solennellement de réparer son iniquité (1). Mais, néanmoins, l'outrage et l'apocryphe violence commise sur lui n'en fut pas moins, par l'indignation et la soif de vengeance qu'elle excita, l'un des mobiles décisifs, l'une des causes prépondérantes de la première Croisade.

IV

LA VISION DE PIERRE L'ERMITE (2)

1094 ou 1095.

O puissance merveilleuse et décevante de la légende, fleur capiteuse et enivrante qui ravit les cœurs et subjugue

(1) *Histoire de Flandre*, par KERVYN DE LETENHOVE, t. Ier, liv. IV, p. 305 et 306. (Bruxelles, Vandale, 1847, 6 vol. in-8°.) — *Robert le Frison comte de Flandre et les batailles de Cassel de 1070*, par le Dr DE SMYTHÈRE. (Hazebrouck, imprimerie de David, 1882, broch. in-8° de 114 pages, p. 60 et 61.)

(2) GUILLAUME DE TYR, *Historia rerum transmarinarum*, lib. I, cap. XII. — ALBERT D'AIX, *Historia Hierosolymitana*, lib. I, cap. IV. — *La chanson d'Antioche, composée au commencement du XIIe siècle par le pèlerin Richard, etc., publiée pour la première fois par Paulin*. Paris.

les volontés ! Une expédition imaginaire et un soufflet problématique ont déjà fait frémir contre le fanatisme musulman la chevalerie occidentale; une vision, certainement légendaire, va précipiter, d'une façon irrésistible,

l'immense mouvement des Croisades, et, comme dit le chroniqueur oriental : « ouvrir les portes des Latins, et jeter sur l'Orient effrayé un million de guerriers chrétiens. »

t. Ier, chant 1er, p. 6, 16, 17 (Paris, Techener, MDCCCXLVIII, in-12). — *Le vrai et le faux sur Pierre l'Ermite*, etc., par Henri Hagenmayer, traduit, avec l'autorisation de l'auteur, par Furcy Raynaud (Paris, librairie de la Société bibliographique, 1883, in-8°), p. 74 à 77.

Un autre pèlerin, le plus hâve, le plus misérable et le plus décharné que l'on ait encore vu, vient s'agenouiller sans bruit dans l'intérieur de la crypte du *Sépulcre*. Il est si chétif, si pauvre, si délabré, que c'est à peine si la garde, qui veille aux abords de la Basilique, daigne faire attention à lui. Prosterné devant le saint tombeau, il prie, il pleure, il baise à plusieurs reprises le marbre sacré, sort en chancelant, et, à peine hors de la sainte chapelle, du caveau du *Sépulcre*, tombe sur les dalles de la Basilique, évanoui de fatigue, de souffrances et de faim. Durant ce sommeil magnétique, son âme veille, dit la légende, et reçoit sa récompense. Le pèlerin endormi croit voir un rayon d'éblouissante lumière tomber du dôme de la Basilique, et, descendant à pas lents sur ce chemin lumineux, dans tout l'éclat de sa gloire et de sa majesté, tenant sa croix dans la main gauche et levant l'autre pour le bénir, Jésus-Christ, un sourire ineffable sur les lèvres, Jésus-Christ est debout devant le pèlerin : « Sois le bienvenu, lui dit-il, Pierre, mon serviteur fidèle, qui as tant souffert pour venir adorer mon *Sépulcre;* sois béni et reçois immédiatement, en attendant la gloire du ciel, une première récompense. Retourne dans l'Occident, appelle aux armes la généreuse nation des Francs, ordonne-lui, de ma part, de venir arracher mon tombeau des mains scélérates qui le détiennent, l'insultent et l'exploitent ! Va à Rome ! Expose ta mission à Urbain, mon Vicaire, et prêche partout la Croisade au cri de : Dieu le veut !..... » Le pèlerin veut se jeter aux pieds du Christ pour les baiser, ce mouvement l'éveille; il croit voir Jésus-Christ, dans son rayon de gloire, rentrer et disparaître dans les profondeurs du *Sépulcre*, en lui adressant un dernier signe d'encouragement. Il part, réconforté, ranimé, rafraîchi, électrisé, les yeux brillants d'espoir et de joie et le cœur brûlant d'enthousiasme et d'amour; il retourne en Occident, raconte partout sa vision, convainc le Pape, entraîne les foules, arme les chevaliers, sonne le beffroi des Croisades, précipite sur l'Orient stupéfait le torrent indompté d'un million d'hommes, le torrent vainqueur de la première Croisade!..... Ce pèlerin était PIERRE L'ERMITE, et sa vision légendaire, sa vision qu'il n'eut jamais — car, dans son premier pèlerinage, il ne parvint même pas, dit-on, jusques à Jérusalem (1), — fut l'un des principaux arguments et l'une des causes prépondérantes de la première Croisade (2).

V

LES RESSUSCITÉS (3)

15 juillet 1099.

Enfin, cependant, après tant de périls, de souffrances, de combats et de victoires, après avoir laissé plus d'un million d'hommes sur les chemins de l'Asie, l'armée des Croisés, réduite à cinquante mille guerriers, s'est emparée de Jérusalem ! Le 15 juillet 1099, elle aborde les remparts avec ses tours roulantes, les prend d'assaut, pénètre dans la ville par trois points différents, bloque la tour de David, massacre la garnison musul-

(1) *Le vrai et le faux sur Pierre l'Ermite*, etc., par HENRI HAGENMAYER, p. 94 à 100.

(2) Voir cependant l'ouvrage susénoncé, p. 83, 84 et suivantes et 94. On sait du reste que, d'après les plus récentes constatations de la science historique, le rôle capital, dans la prédication de la première Croisade, appartient bien davantage au grand Pape Urbain II qu'à Pierre l'Ermite.

(3) RAYMOND D'AIGUILHES, *Historia Francorum*, p. 300 du tome III du *Recueil des historiens des Croisades*, publié par les soins de l'Académie impériale des Inscriptions et Belles-Lettres (Paris, imprimerie impériale, MDCCCLXVI in-fol.), *Historiens occidentaux*. — GUILLAUME DE TYR, *Historia rerum transmarinarum*, lib. VIII, cap. XXII (t. Ier, première partie du même Recueil).

mane, égorge la foule réfugiée dans la mosquée d'Omar et, ruisselante de sang et de larmes, se précipite l'épée à la main dans la *Basilique du Saint-Sépulcre* pour remercier Dieu, célébrer sa victoire et adorer le saint tombeau qu'elle est venue délivrer. A ce moment sublime d'enthousiasme, de victoire et de foi, à ce moment ineffable, unique, où l'armée croisée, réalisant enfin ses aspirations, son but, son idéal, obtient enfin, au prix de tant de souffrances et de sang, ce qu'elle a tant désiré et si chèrement acheté : la vue et la possession victorieuse des Saints Lieux, la légende assure que, en ce moment inexprimable, on vit entrer dans la Basilique, mêlés à la foule des vainqueurs, comme eux le casque en tête et l'épée à la main et chantant avec eux des hymnes d'allégresse, les fantômes, les ombres, les spectres des vaillants croisés morts au champ d'honneur, tués autour de Nicée, d'Antioche ou d'Arcas, et qu'un trépas prématuré avait injustement privés du bonheur de concourir à la délivrance de Jérusalem. Dieu, dit la miséricordieuse légende, ne voulut pas ôter à ces fidèles serviteurs, à ces braves comme Adhémar, évêque du Puy, Robert de Paris, Anselme de Ribaumont, Pierre Barthélemy, Foucher d'Orléans, Henri d'Asques, Renaud d'Amerbach, Baudouin de Hainaut, Pons de Balasu, Angelram de Saint-Paul, Suénon de Danemark, Roger de Barneville, Gérard de Melun, Eude de Beauvais, Rimbaud de Cameli, Conan-le-Breton, Gautier de Forest, Gulielme de Senlis, Gautier de Flandre, etc., etc., l'honneur et la joie de participer au triomphe et d'entrer vainqueurs, d'entrer l'épée au poing dans cette *Basilique du Saint-Sépulcre,* et ce tombeau glorieux racheté de leur sang héroïque. Ils chantèrent avec les survivants l'*Alleluia* du triomphe et la mélopée sublime du *Miserere,* puis, après un dernier regard sur leurs chers compagnons, ils retournèrent au ciel ressaisir de leur main victorieuse la palme sanglante, apanage éternel de leur glorieux martyre.

L'histoire se rit de ces détails et les traite d'enfantillages et de fables; mais la légende consolante et généreuse ne veut point que les vaillants morts, ceux qui, selon la magnifique expression de l'Écriture, *sont tombés en mettant leur épée sous leur tête,* soient privés, même en ce monde, de leur récompense, et, comme corollaire de leur palme céleste, elle leur donne ici-bas le prix de leurs magnanimes efforts.

VI

LE CIERGE DE GODEFROY DE BOUILLON (1)

22 ou 23 juillet 1099.

Mais il ne suffisait point d'avoir affranchi Jérusalem, il fallait encore en assurer la conquète et, par une organisation puissante, résister à l'étreinte mortelle du monde musulman. A ce royaume qui naissait tout armé, à ces seigneurs, l'épée haute, résolus — en trop petit nombre, hélas! — à se fixer pour jamais en Terre Sainte, il fallait un chef de guerre, un capitaine au cœur de lion et à la main de fer, capable de contenir du Nord au Midi, et de Dan à Cedar et El-Arish, les hordes tumultueuses des Sarrasins. Lequel choisir ?..... Tous étaient dignes de cet honneur. Comment opter entre de si fiers et illustres candidats!..... Ce choix qui excède la prudence humaine,

(1) *La conquête de Jérusalem* faisant suite à *la chanson d'Antioche,* composée par le pèlerin RICHARD, et renouvelée par GRAINDOR DE DOUAI au XIIIe siècle, publiée par C. HIPPEAU. (Paris, Aubry, MDCCCLXIII, petit in-8°), p. 187 à 191, §§ 23 à 28, vers. 4718 à 4812. — Je dois l'indication de cette légende à mon ami M. Émile Bouchet, d'Orléans, auteur d'une excellente traduction de Villehardouin, suivie d'une remarquable étude sur la 4e Croisade.

et devant lequel le légat du Saint-Siège(1) demeure en suspens, la légende le fait décider par le jugement de Dieu.

Tête et pieds nus, conduits par Arnoul de Rohes, l'archevêque d'*Albara* (El-Bara), l'évêque de Fréjus et l'évêque de Martorano, trois fois, à minuit, les grands barons défilent processionnellement dans la *Basilique du Saint-Sépulcre,* trois fois ils font, en chantant, le tour du saint tombeau. A la main, ils portent un cierge, mais

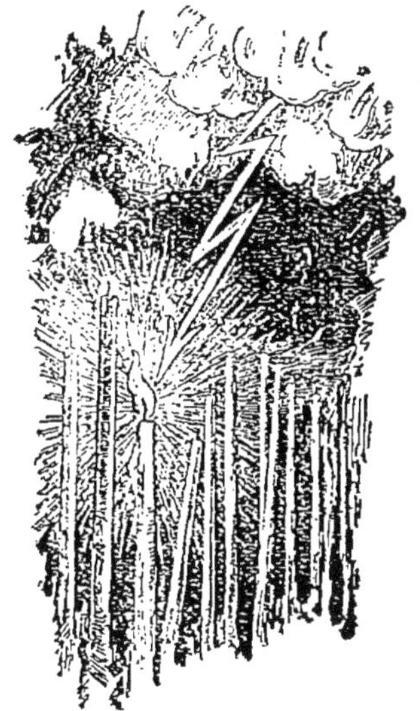

ce cierge est éteint : ils demandent à Dieu de désigner son élu en allumant miraculeusement le flambeau de celui qu'il désigne pour roi de Jérusalem.

Au moment où, pour la troisième fois, ils s'inclinent en passant devant la porte du glorieux tombeau, la foudre gronde, l'éclair brille par deux fois et, descendant en méandre de feu du sommet du dôme entr'ouvert, enflamme de lui-même le cierge de Godefroy de Bouil-

(1) L'évêque de Martorano, qui paraît avoir succédé, dans une certaine mesure, à Adhémar de Monteil, évêque du Puy.

lon!..... (1) « Salut! s'écrie l'armée d'une voix unanime, Salut à l'élu du Christ, à Godefroy de Basse-Lorraine, le sage, le prudent, l'invincible, l'héritier de l'épée de Vespasien (2)! Que son front ceigne la couronne d'or de Jérusalem! — Non! réplique le héros avec un à-propos sublime, non! Pas de couronne d'or au lieu où Jésus-Christ porta une couronne d'épines! Je ne veux point être roi de Jérusalem, mais simplement le protecteur du *Saint-Sépulcre!* »

Rex licet electus, rex noluit intitulari, nec diademari : sed sub Christo famulari (3).

VII

LE FANTOME DU CROISÉ (4)

Septembre 1101.

Un croisé de grande race, originaire du Lyonnais, et dont le nom s'est éteint au XVe siècle dans la maison de Talaru (5), *Gaudemar Carpinell,* déterminé par son ami Hugues de Bourgogne, archevêque de Lyon, avait pris la croix et rejoint le corps d'armée de gens du Midi, commandé par le vieux Raymond de Toulouse et le légat du Pape, Adhémar de Monteil. Dans toutes les batailles, il signala sa valeur, on l'avait surnommé le Marteau des musulmans. Quand il se jetait dans la mêlée, sa grande

(1) Voir une légende tout à fait analogue, chant septième, §§ 26 et 27, vers 7050 à 7060, p. 278, 279 de *La conquête de Jérusalem.*

(2) *Extraits de la chronique de Matthieu d'Edesse,* § 2, p. 25 des *Historiens des Croisades. Documents arméniens.* (*Recueil des Historiens des Croisades,* publié par les soins de l'Académie des Inscriptions et Belles-Lettres.)

(3) DE VOGÜÉ, *Les églises de la Terre Sainte,* p. 196.

(4) *Historiens occidentaux des Croisades* (Édition de l'Académie des Inscriptions et Belles-Lettres), t. III, p. 307 à 309. (Paris, imprimerie impériale, MDCCCLXVI, in folio.)

(5) *Notice sur la famille Charpinel* et appendice séparé, par le comte de CHARPIN-FEUGEROLLES. (Lyon, 1881, in-8°.)

Le corps de Carpinell ramené à Jérusalem.

épée à la main, les plus vaillants des Sarrasins reculaient à son aspect. Il s'était signalé aux sièges d'Antioche (1) et d'Arsur (*Antipatris*) (2), était entré l'un des premiers dans Jérusalem, et sa téméraire bravoure assurait les communications de la Ville Sainte d'une part avec Jaffa, de l'autre avec Jéricho et les bords sacrés du Jourdain. Jamais il n'avait reçu de blessure, il semblait invulnérable : sa bonne cotte de mailles et son vaste bouclier triangulaire l'avaient jusqu'alors garanti des flèches venimeuses des archers sarrasins et du tranchant homicide des épées de Damas. Godefroy de Bouillon l'avait attaché à sa personne et lui avait donné la seigneurie de Cayphas (3) au sujet de laquelle il avait eu quelques démêlés avec le fameux Tancrède, démêlés apaisés par le roi Baudouin Ier.

Mais voici qu'une innombrable armée égyptienne débarque à Ascalon (4) et vient menacer Jérusalem. Le roi Baudouin Ier, avec sa chevalerie et ses gens de pied, court à sa rencontre. Le choc a lieu la veille de la Notre-Dame de septembre 1101, entre Lydda et Rama : deux cents cavaliers et neuf cents fantassins chrétiens contre deux cent mille Sarrasins !.....Après une bataille furieuse, la victoire, une victoire imprévue, se déclare enfin pour

(1) *Historiens occidentaux des Croisades*, t. III, p. 307.

(2) ALBERT D'AIX, *Historia Hierosolymitana*, lib. VII, cap. 1er. Voir aussi, lib. VII, cap. 22, 23, 26, 27, 30, 36, 44, 45, 65, *Historiens occidentaux des Croisades*. Édition de l'Académie des Inscriptions et Belles-Lettres, t. IV.)

(3) RAYMOND D'AIGUILHES, *Historia Francorum*, p. 294, 295 du tome III des *Historiens occidentaux des Croisades*. — PETRI TUDEBODI, *Historia de Hierosolymitano itinere*, XIV, II, p. 103 et 104 du volume susénoncé. — GUILLAUME DE TYR, *Historia rerum transmarinarum*, lib. VIII, cap. IX.

(4) *Les familles d'outre-mer de Du Cange* publiées par G. E. REY, p. 263, 264. (Paris, imprimerie impériale, MDCCCLXIX, in 4°.)

Ascalon appartenait alors aux Califes fatimites d'Égypte résidant au *Caire* appelé par les Croisés: *Babylone d'Égypte*. Ce Calife était, en 1101, soit *El-Mosta'li* (1094-1101), soit *El-Amer*, assassiné en 1130.

l'armée chrétienne. Mais, hélas ! victoire trop cruelle et achetée au prix du meilleur sang de la chevalerie franque. Les trois premières divisions de l'armée latine, perdues au milieu de l'océan des cavaliers égyptiens, sont anéanties. De la première, il ne revint personne ; de la deuxième, il ne demeura que deux chevaliers ; de la troisième, Hugues de Tabarie échappa seul.....

Après des prodiges de valeur, *Gaudemar Carpinell,* qui commandait la seconde ligne de bataille (*signifer et ductor*) (1), succombe, accablé par le nombre et percé en plein cœur d'une flèche sarrasine. Il tombe mort..... Retrouvé après la victoire sous un monceau de cadavres abattus de sa vaillante main, il est ramené à Jérusalem par ses compagnons éplorés, et, dit le chroniqueur anonyme (2), le deuil fut grand dans la Ville Sainte pour le trépas de ce héros dont l'épée semblait le rempart de l'Orient latin. Même, pour lui faire honneur, on accorda à sa dépouille — chose inouïe et absolument contraire à la règle (3), — l'insigne privilège d'être exposé tout armé dans la *Basilique du Saint-Sépulcre,* devant la porte même du tombeau du Christ, à la place où, quelques jours auparavant, s'était agenouillée pour la dernière fois la marquise Itha d'Autriche avant sa mystérieuse et tragique disparition (4).

On lui célébra de splendides obsèques, de merveilleuses funérailles. Les clairons, voilés de deuil, résonnèrent lugubrement. On lui chanta tous les versets éplorés

(1) ALBERT D'AIX, lib. VII, cap. LXV.

(2) Ce chroniqueur est probablement Raymond d'Aiguilhes.

(3) *Arculfi relatio de Locis Sanctis ab Adamnano scripta,* ch. VI, p. 151 des *Itinera et descriptiones Terræ Sanctæ lingua latina sæc. IV-XI exarata* etc. *edidit.* T. TOBLER, t. Ier (*Société de l'Orient latin.* Genevæ, typis J.-G. Fick, 1877, in-8°).

(4) *Instructions à l'usage des voyageurs en Orient,* etc. *Les Croisades,* par le marquis de PASTORET, p. 22. (Paris, imprimerie impériale, MDCCCLVI, in-8°.) (Très douteux.)

de l'auguste psalmodie latine, du rite grec et de la liturgie syriaque. Les évêques, l'un après l'autre, donnèrent l'absoute. Puis, à la nuit close, tout le deuil, succombant à la fatigue, s'endormit dans la Basilique en murmurant une dernière oraison. L'archevêque de Lyon ferma les yeux le dernier, pleurant dans son sommeil et baignant de ses larmes le coussin armorié sur lequel reposait sa tête.

Et voici que les douze coups de minuit résonnent à l'horloge voisine de Sainte-Marie-Latine. Tout à coup, une lueur subite, une clarté éblouissante resplendit dans la Basilique. Un diacre, en costume de chœur, sort du *Saint-Sépulcre*, saisit l'archevêque par son manteau : « Suis-moi, dit-il, et considère ce qui va t'être dévoilé! » Le prélat se lève et marche à la suite de l'apparition jusque sur le parvis extérieur de la Basilique. Là, sur un cheval blanc superbe, piaffant des étincelles et lançant du feu par les naseaux, il voit son ami *Gaudemar Carpinell*, ou plutôt son fantôme, son corps astral et glorieux, revêtu d'une armure étincelante, l'épée au côté, brandissant d'une main victorieuse sa longue lance ornée d'une flamme rouge et, le front tourné vers le Sud, semblant menacer l'Égypte d'où lui est venu le coup de la mort (1).

L'archevêque, les bras étendus, se précipite vers son ami : « Est-ce bien toi? s'écrie-t-il. — Tu ne me reconnais donc pas? répond le fantôme avec un doux sourire. Oui, c'est moi, en vérité! — En quelle situation, et où te trouves-tu? — Bien, et dans ce séjour dont l'Apôtre a dit qu'il n'est pas permis à la langue humaine de le

(1) On sait que Jérusalem fut conquise par les Croisés, en 1099, sur les *Égyptiens*, et que les armées contre lesquelles ils eurent à lutter autour de Jérusalem, durant les premières années de la conquête, venaient d'*Égypte* et du *Caire*.

décrire!..... » Et le fantôme se détourne pour s'éloigner. « Oh! s'écrie le pauvre archevêque, en s'élançant vers lui, au nom de l'obéissance que tu m'as jurée, reviens, et dis-moi où sont ceux qui tombèrent sur les chemins de Jérusalem? — Leurs noms sont inscrits dans le livre de vie. — Et moi, quel est le sort qui m'attend? — Heureux! Dieu t'a préparé un lieu de rafraîchissement et de paix. — Tu sais combien je t'ai aimé, oh! prie pour

moi, je t'en conjure! » Et alors, inclinant la tête en signe d'acquiescement, le glorieux mort prononce cette belle parole, sublime en latin, presque intraduisible en français : « *Oratio tua præfinita est!* — Le terme de ton oraison est fixé! » La vie d'un prêtre, d'un archevêque, considérée comme une prière constante et perpétuelle ne s'achevant qu'à la mort, est une idée magnifique et dont on ne saurait trop admirer l'énergique et profonde concision.

Cependant, la vision disparaît. L'archevêque, à demi

consolé, rentre dans la Basilique et s'agenouille de nouveau devant la muette dépouille de son compagnon. Il reprend sa prière interrompue, mais ses larmes coulent moins amères. Il ensevelit au fond de son cœur le secret de sa vision, et les obsèques du Croisé mort au champ d'honneur s'achevèrent au milieu du deuil général. Mais quelques années après (1106), lorsque la mort, à son tour, vint au delà du Pas de Suze, s'asseoir au chevet de l'archevèque en route pour le concile de Guastalla (1), Hugues de Bourgogne, réunissant autour de lui ses familiers, leur raconta sa vision qui, disait-il, le remplissait d'espoir et de confiance. Une demi-heure après, il rendait l'âme, le sourire de la béatitude sur les lèvres, allant, selon la belle expression du chroniqueur, allant rejoindre le Christ dans sa gloire.

---

(1) *Gallia christiana, in provinciis Ecclesiasticis distributa*, etc. Tomus quartus, p. 96 à 109 (Parisiis, typographia regia, MDCCXXVIII, in-fol.).

CHAPITRE IV

BASILIQUE DES CROISES

1130-1808.

I

LE RECLUS DU SAINT-SÉPULCRE (1)

1148.

Les Croisés vainqueurs ont reconstruit de fond en comble la *Basilique du Saint-Sépulcre*. L'œuvre incomplète et hâtive de l'empereur Constantin Monomaque a fait place à une vaste, spacieuse et splendide cathédrale, toute de marbre, de bas-reliefs ciselés et de mosaïques, où l'habile architecte *Jourdain* a cependant utilisé des fragments nombreux et la plupart des colonnes de l'édifice précédent formé lui-même des tronçons et des ruines des Basiliques antérieures. Entreprise vers 1130, la nouvelle Basilique est consacrée le 15 juillet 1149, et achevée seulement (sauf le clocher) en 1160.

Un somptueux cortège de seigneurs, d'hommes d'armes et de moines remplit à grand bruit la *Basilique du Saint-*

(1) *Instructions à l'usage des voyageurs en Orient*, par le marquis DE PASTORET. *Les Croisades*, p. 38 et 39. (Paris, imprimerie impériale, 1856, broch. in-8°), citant BERLY, *Histoire des comtes de Poictou, et ducs de Guyenne* etc., (à Paris, chez Gervais Alliot, MDCXXXXVII in-fol.) p. 137, 138 et suiv.

Le reclus du Saint-Sépulcre.

Sépulcre, reconstruite par les Croisés et à peine terminée. C'est le roi de France Louis VII, dans sa cotte d'azur fleurdelysée d'or, suivi de sa femme, l'altière Éléonore, la rose d'Aquitaine, et de ses chevaliers bien décimés, hélas! par le désastre des montagnes de la Phrygie occidentale, qui vient processionnellement adorer le *Saint-Sépulcre*.

Le superbe défilé fait le tour de la Basilique, serpente sous les voûtes ogivales et se déroule autour des colonnes de marbre violet, legs auguste de sainte Hélène.

Mais d'où vient que la marche s'arrête? D'où part cette voix tonnante qui, tout à coup, résonne dans la Basilique? Pourquoi le roi de France a-t-il fait, avec un geste de menace, un pas rétrograde? Pâle comme une morte, la reine Éléonore, poussant un cri d'effroi, s'est rejetée en arrière! Pourquoi?......

..... — C'est qu'un fantôme vient de leur apparaître! Au moment où, guidé par le patriarche Foulcher de Tyr, le cortège franchissait d'un pas solennel le massif point d'attache qui relie sur la gauche la rotonde du *Saint-Sépulcre* au palais épiscopal, tout à coup, s'élançant d'un *in pace* pratiqué dans l'épaisseur des murs, un fantôme, un cadavre animé, un mort-vivant, aux joues caves, au front décharné, aux yeux fulgurants, au geste furieux, à la voix retentissante, s'est élancé vers eux!... Un cilice d'acier emprisonne son corps livide, des cercles de fer étreignent ses tempes et compriment son front douloureux, et ce mort-vivant, ce misérable, ce fou, ce fakir, interpellant la reine de France, a osé, d'une voix furieuse, et la menace à la bouche, lui reprocher ses criminelles amours avec Raymond d'Antioche et les perfides émirs sarrasins!...

De sa main tremblante, la reine a voilé son front blêmi, des larmes de honte coulent de ses yeux charmants. Le roi de France a tiré son épée, mais il la laisse retomber et ses chevaliers, prêts à se ruer sur le fantôme, demeurent immobiles....... C'est que, tout en prodiguant au couple royal les reproches et les funèbres pronostics, des mots d'amour sont sortis de ses lèvres et qu'il a dit à la reine : *Ma fille!* et au roi : *Mon cousin!.....*

Quel est ce fantôme? Serait-ce l'ancêtre de celui qui apparaîtra un jour à Charles VI dans la forêt du Mans? Non, ce revenant, ce fakir, ce misérable, cet insensé, ce voyant, ce prophète de malheur, c'est *Guillaume VIII, comte de Poitou et duc de Guyenne*, père d'Éléonore et cousin du roi de France (1), qui, en expiation de ses péchés, s'est fait reclus volontaire dans la *Basilique du Saint-Sépulcre*, vivant de rien, au fond d'une tanière creusée dans l'épaisseur des murs entre la Basilique et le palais patriarcal. Illuminé par l'Esprit-Saint, il a lu comme dans un livre les imprudences et les fautes, causes fatales de l'irréparable désastre et du lamentable insuccès de la Croisade. Puis, tout éperdu de cette rencontre, désespéré de s'être laissé reconnaître, il abandonne son *in pace*, prend la fuite, repasse la mer et court jusqu'en Espagne chercher dans quelque *sierra* déserte et calci-

(1) La parenté commune des Capétiens et des ducs de Guyenne remontait à Adélaïde, fille de Guillaume Ier (*alias* Guillaume III) Tête d'étoupe, et femme de Hugues Capet. Guillaume Ier était le quadrisaïeul d'Éléonore (*Le divorce de Louis VII et d'Éléonore d'Aquitaine au IIe concile de Beaugency (1152)*, par M. L. Guerrier, docteur ès-lettres, p. 202 et suiv. du tome XXIII des *Mémoires de la Société d'agriculture, sciences, belles-lettres et arts d'Orléans (Orléans, Puget, 1882, in-8°)*. — *Histoire généalogique et chronologique de la maison royale de France*, etc., par le P. Anselme (3e édition), t. II, p. 521. (Paris, MDCCXXVI, in-fol.) L'histoire n'admet pas la retraite de Guillaume VIII de Guyenne à Jérusalem et le fait mourir, le 9 avril 1137, aux environs de Compostelle. Mais l'histoire se trompe si souvent!..... Ce Guillaume, que le P. Anselme qualifie de Guillaume X, est considéré comme Guillaume VIII par M. de Mas-Latrie (*Trésor de Chronologie, d'Histoire et de Géographie*, etc. (Paris, Palmé, 1889, in-4°, col. 1662) et comme Guillaume IX, par Besly, dans son *Histoire des comtes de Poictou*.

née une retraite si cachée qu'il puisse désormais y mourir dans la solitude et l'oubli.

II

LE MARCHÉ DU COMTE DE FLANDRE (1)

1158.

Quel est ce groupe dans la *Basilique du Saint-Sépulcre,* devant la porte extérieure du tombeau du Christ? Que font là ces trois hommes et cette femme debout et paraissant traiter entre eux quelque négociation de capitale importance?..... A en juger par leur costume et leur air de souveraine élégance, ce sont de bien grands personnages!..... L'un a le front ceint de la couronne d'or des rois de Jérusalem : cette couronne que Godefroy de Bouillon refusa modestement, mais que son frère Baudouin Ier a saisie d'une main si âpre et si vigoureuse. Le second, sur sa cotte d'armes de soie, porte un blason gironné, comme on dit en style héraldique (c'est-à-dire formé de triangles juxtaposés par la pointe), gironné d'or et d'azur, au centre duquel brille un écusson de gueules. Le troisième est un haut dignitaire ecclésiastique, croix pectorale à double croisillon sur la poitrine, mitre au front constellée de pierreries, chasuble d'or et anneau précieux à la main gantée de violet. Quel est l'objet étincelant qu'il tient avec tant de sollicitude entre ses mains émues ?..... Et cette femme? Elle aussi porte un royal costume. Sa robe, dont les longs plis de satin s'allongent en frissonnant sur les dalles, est moitié d'or et moitié d'écarlate, l'or est coupé de prismes triangulaires

(1) *Mémoires d'Olivier de La Marche,* etc., publiés pour la Société de l'Histoire de France, par HENRI BEAUNE et J. d'ARBAUMONT, t. Ier, p. 76 et 77. (A Paris, librairie Renouard, MDCCCLXXXIII, in 8°.) — *Histoire généalogique et chronologique de la Maison royale de France,* etc., par le P. ANSELME,, t. VI, p .18.

d'un bleu céleste, l'écarlate est brodé de deux léopards d'or (1). Me trompé-je? mais je crois reconnaître les armes accolées de Flandre et d'Anjou! Sur sa tête, un mince cercle d'or fleuronné de perles retient ses longs cheveux blonds, épars, selon la mode du temps, sur ses blanches épaules. Serait-elle donc une princesse souveraine?..... Quelle ténébreuse négociation s'agite entre ces illustres contractants? Que font-ils?.....

Ces hommes, ce qu'ils font! ils achètent et ils vendent une femme! La traite des blanches s'étalant dans toute son impudeur et sa barbarie à la porte même du tombeau du Christ!..... Est-ce possible?..... — Oui; mais c'est une traite sublime, où l'acheteur est Dieu, où le vendeur est l'amour éploré, et où la victime volontaire aspire au sacrifice et hâte de tout l'élan de son cœur et de toutes les larmes de ses yeux la conclusion du céleste contrat!.....

De ces hommes, celui qui porte en tête une royale couronne, c'est Baudouin III, roi de Jérusalem, le vainqueur d'Ascalon, l'intrépide défenseur de l'Orient latin contre l'invasion musulmane. Le second, celui qui, sur son armure, est revêtu d'une tunique gironnée d'or et d'azur et qui paraît en proie à une si poignante émotion, c'est Thierry d'Alsace, comte de Flandre (2), un preux des anciens jours, la plus noble épée de l'Europe féodale. L'évêque, c'est le patriarche Amaury de Jérusalem, l'ancien prieur du *Saint-Sépulcre*, en qui revit l'austère sainteté et l'inflexible vertu des Pères du désert. Et la jeune femme, la victime souriante et charmante, l'esclave enthousiaste et volontaire, c'est Sybille d'Anjou, com-

(1) *Alias :* deux lions d'or.

(2) Fils puîné de Thierry II le Vaillant, duc de Haute-Lorraine, et de Gertrude de Flandre, tante paternelle du comte de Flandre Baudouin VII.

tesse de Flandre, fille du roi Foulques de Jérusalem (1), sœur du roi Baudouin III et tante paternelle du roi Henri II d'Angleterre (2), l'une des plus grandes dames de l'Europe princière. Elle veut, à son mari amoureux et fidèle, arracher l'autorisation de se faire religieuse dans ce beau couvent de Saint-Ladre de Béthanie, gouverné par une royale abbesse, et dont les nonnes portent un manteau noir et une croix verte sur la blancheur virginale de leur robe (3). Son mari, Thierry de Flandre, éperdu d'amour et de colère, refuse avec violence de consentir à ce suicide matrimonial..... Elle a appelé à son aide le patriarche et le roi de Jérusalem, et là, devant le *Saint-Sépulcre,* au nom du Christ ressuscité, tente un suprême effort et livre à la volonté rebelle du comte de Flandre un dernier assaut. Pour fléchir l'amoureuse obstination du comte de Flandre et obtenir la renonciation de ses droits conjugaux, ils lui offrent une relique sans prix, digne d'être la rançon d'un César, transmise à travers les siècles de patriarche en patriarche et de roi en roi : une fiole de diamant, revêtue d'un filigrane d'or, et contenant..... *une goutte authentique, limpide et vermeille du sang de Jésus-Christ !.....*

Comment résister à une si puissante attraction?

Des larmes d'amour, de désespoir, de fureur et de pitié jaillissent des yeux du comte de Flandre. Son cœur, dans sa poitrine, son cœur bat à se rompre. Il garde un silence farouche... Enfin, comme emporté par une force surhumaine, d'une main tremblante et brusque, il saisit

(1) Et d'Éremburge du Mans. En premières noces, Sybille avait été fiancée à Guillaume Cliton, fils de Robert Courte-Heuse, duc de Normandie, dépossédé par son frère Henri Ier d'Angleterre.

(2) Henri II d'Angleterre était fils de Geoffroy V Plantagenet, fils lui même de Foulques V d'Anjou et d'Éremburge du Mans, et frère de Sybille d'Anjou, et de Mathilde l'Emperesse, fille du roi Henri Ier d'Angleterre et d'Adélaïde de Louvain.

(3) *Félix Fabri Evagatorium*, t. II, p. 87.

la merveilleuse relique, murmure à voix basse le *oui* tant attendu, d'un élan désespéré serre une dernière fois sa femme dans ses bras, puis, fondant en larmes, s'enfuit à pas rapides hors de la Basilique !..... Sybille de Flandre est libre : son mari l'a vendue à Dieu pour une goutte du sang du Christ, du sang divin qui a racheté le monde !

La sublime relique, transportée dans les Flandres, consolera le mari dans sa solitude et son veuvage anticipé, les enfants, dans la perte de leur mère; elle deviendra un jour l'un des plus précieux trésors, l'une des plus touchantes reliques du monde chrétien : LE SAINT SANG DE BRUGES..... (1) !

III

LE COURONNEMENT DE GUY DE LUSIGNAN (2)

Septembre 1186.

L'épopée des Croisades touche à sa fin. Le jour fatal, le jour funeste qui doit voir la chute du royaume latin de Jérusalem va bientôt se lever à l'horizon.

Déjà, plusieurs années auparavant, un coup de tonnerre, éclatant dans un ciel serein, est venu frapper le dôme fumant de la *Basilique du Saint-Sépulcre* (3). Les sages ont hoché tristement la tête et déclaré que ce sinistre augure annonçait les plus funestes événements. Et voici

(1) Mgr MISLIN. *Les Saints Lieux* (3e édition), t. II, p. 331 (Paris, Lecoffre, 1876, 3 vol. in-8°).

(2) *Chronique d'Ernoul et de Bernard-le-Trésorier*, publiée pour la première fois, etc., pour la Société de l'Histoire de France, par M. L. de MAS LATRIE, ch. XI, p. 131 à 137. (Paris, Vve Jules Renouard, MDCCCLXXI, in-8°.) — *L'estoire de Eracles empereur, li vintetroisiesmes livres*, ch. XVII, p. 28, 29 du tome II du *Recueil des historiens des Croisades*, publié par les soins de l'Académie des Inscriptions et Belles-Lettres.

(3) GUILLAUME DE TYR, *Hist. rer. transmarin.* lib. XVI, cap. XVII.

que, le présage se réalisant, le rideau se lève et le prologue du drame va commencer.

Une foule d'élite remplit la *Basilique du Saint-Sépulcre*: des moines, des soldats, des chevaliers bardés de fer, les officiers de la cour royale de Jérusalem, le connétable Amaury de Lusignan, le sénéchal du royaume, Joscelin de Courtenay, comte dépossédé d'Édesse (1), le châtelain de la Tour de David, Gérard de Ridfort, le grand maître du Temple, Guillaume le Vieux de Montferrat, seigneur de Saint-Élie (2), le prieur du Saint-Sépulcre, le patriarche Héraclius d'Auvergne, et le plus beau, le plus fier, le plus agité, le plus arrogant de tous, malgré ses cheveux grisonnants, le téméraire Renaud de Châtillon, prince de Karac oultre-Jourdain, surnommé par les Infidèles « le Satan des Francs. »

L'épée à la main, ils forment comme un cercle protecteur autour du *Saint-Sépulcre* et environnent fièrement une femme debout, couronne d'or au front, vêtue d'une longue dalmatique de soie blanche semée de croix de Jérusalem d'or, tenant une seconde couronne en ses mains et fixant un regard d'amour sur un chevalier à la régulière et noble figure, bellâtre, prétentieux et suffisant, agenouillé devant elle et qui la regarde comme en extase. Sur sa cotte d'armes rayée horizontalement de blanc et de bleu, ce chevalier porte un illustre blason : un lion sanglant couronné d'or, armes des Lusignan du Poitou.

Après un instant d'attente, qui fait battre tous les cœurs, les mains de la jeune femme s'abaissent, posent la couronne sur le front du seigneur agenouillé, et ses lèvres laissent tomber ces paroles fatales: *Sire..... rece-*

(1) Il était encore sénéchal en 1183 (GUILLAUME DE TYR, l. XXII, c. XXVII).

(2) Château ruiné au sud de Taybeh, entre ce village et la montagne de la Quarantaine. (*Sommaire du Supplément aux Familles d'outremer*, par E.-G. REY, *membre résident de la Société des Antiquaires de France* (Chartres, Durand, 1881, broch. in-8° de 36 pages, p. 13).

vès ceste couronne, car je ne sai où je le puisse miex emploiier que à vous!

Les destins sont accomplis : Guy de Lusignan, comte de Jaffa, est roi de Jérusalem! Il semble que la Basilique ait poussé un soupir!..... Puis, au moment où Renaud de Châtillon, brandissant son épée, s'écrie d'une voix triomphante : *Longue vie au roi Guy de Lusignan!* cri répété par toute l'assistance, un moine, au capuchon rabattu, à la démarche heurtée, se glisse sans bruit à

travers la foule, sort précipitamment de la Basilique, et, d'un pas rapide, fuyant à travers les rues désertes, s'échappe de la ville par la poterne de l'hospice Saint-Lazare..... Où va-t-il?.....

Ce moine est un soldat de l'armée des barons de Terre Sainte, réunis à Naplouse, sous la direction de Raymond de Tripoli, et coalisés contre la candidature au trône de Jérusalem de l'ambitieux et inintelligent Guy de Lusignan. Il va annoncer à ces fiers seigneurs que, en dépit de leurs clameurs et de leurs menaces, et malgré les objurgations du roi Baudouin IV mourant, la reine Sybille, infidèle à ses promesses et violant ses serments, de concert avec le patriarche Héraclius, le grand maître du Temple et le prince Renaud, a couronné roi de Jérusalem son mari, l'incapable et présomptueux Guy de Lusignan, le meurtrier du comte de Salisbury : choix maudit qui va mettre le royaume et les destinées de la Terre Sainte aux mains d'un cadet du Poitou sans intelligence et sans autorité, qui n'a pour lui que la noblesse de sa race, sa belle figure et son incontestable bravoure.

Ce jour-là, une ligne de plus s'ajoutait au livre du destin, et cette ligne c'était, hélas! la condamnation du royaume latin de Jérusalem qui, moins d'un an après, le samedi 4 juillet 1187, selon la double prédiction de Guillaume de Tyr (1) et de Baudoin de Rames (2), s'effondrait lamentablement dans l'inexplicable désastre de Hattin, le Waterloo de l'Orient latin, jetant aux mains des infidèles l'armée chrétienne morte de soif, et faisant tomber au pouvoir du Croissant le palladium de l'armée chrétienne : la sainte Croix qui, disait la légende, grandissait dans les batailles et, en signe de victoire, élevait son front et ses bras jusqu'au ciel (3).

(1) *L'estoire de Eracles empereur*, ch. XXXVIII, p. 58 du tome II du *Recueil des historiens occidentaux des Croisades*, publié par les soins de l'Académie des Inscriptions et Belles-Lettres.

(2) *L'estoire de Eracles empereur*, ch. XVIII, p. 30. — *Chronique d'Ernoul et de Bernard le Trésorier*, ch. IX, p. 134, 135.

(3) *Chroniquè d'Ernoul et de Bernard le Trésorier*, ch. VI, p. 45.

IV

SALADIN (SALAH ED-DIN) ET LE FEU SACRÉ (1)

Samedi-Saint 1192.

Hélas ! les présages n'ont pas menti ! De nouveau, Jérusalem est esclave. Depuis le 2 octobre 1187, le drapeau noir des Abassides est arboré sur ses tours. La *Basilique du Saint-Sépulcre,* perpétuellement menacée, frémit sous le sabre des Infidèles. Saladin, vainqueur, a fait briser les cloches dans la vieille tour (2), décapiter les statues et crever à coups de ciseau les yeux sombres des figures de mosaïque (3). La lampe sacrée s'est éteinte à l'intérieur du saint tombeau. Arrachée du trésor de la Basilique, la couronne des rois de Jérusalem, cette couronne maudite qui s'est posée un instant sur le front réprouvé de Guy de Lusignan, a été envoyée en présent au calife de Bagdad (4).

Et voici que, cinq années après sa victoire, Saladin, arrogant et superbe, suivi de ses Émirs en armes, entre d'un pas farouche dans la *Basilique du Saint-Sépulcre* (5).

(1) Gauthier Vinisauf, *Itinerarium regis Anglorum Ricardi et aliorum in terram Hierosolymorum,* lib. V, cap. xvi, p. 381, 382 du tome II des *Historiæ anglicanæ Scriptores quinque ex vetustis codicibus manuscriptis nunc primum in lucem editi* (*opera Thomæ Sallæ*). *Oxoniæ e theatro Sheldoniano, anno Dom. 1687,* in-folio. — Jules Hoche, *Le pays des Croisades.* (Paris, à la librairie illustrée, in-4, sans date), p. 134. — Mgr Mislin. *Les Saints Lieux* (3e édition), t. II, p. 370.

(2) *Fratris Felicis Fabri Evagatorium,* t. II, p. 292.

(3) *Élégie du patriarche Grégoire Dgh'a, catholicos d'Arménie sur la prise de Jérusalem,* p. 279 à 281, 285, 293, t. Ier des *Documents arméniens,* dans le *Recueil des Historiens des Croisades,* publié par les soins de l'Académie des Inscriptions et Belles-Lettres.

(4) *Schahab-eddin* dans le livre des *Deux jardins,* cité par Michaud, *Histoire des Croisades,* t. VII, p. 614.

(5) Saladin fit plusieurs séjours à Jérusalem durant l'année 1192, notamment il y passa tout l'hiver. (*Anecdotes et beaux traits de la vie du sultan Joussof,* p. 292 et suiv. du tome III des *Historiens orientaux des Croisades.*)

C'est le Samedi-Saint : les Syriens jacobites, misérables et tremblants successeurs des Croisés, y célèbrent la légendaire et bizarre cérémonie du *Feu Sacré.*

Soupçonnant un artifice et indigné de l'imposture, le sultan veut découvrir la fourberie, et, le cimeterre à la main, pénètre dans la crypte intérieure du tombeau..... Il voit le feu sacré descendant de la voûte en langues de flamme et embrasant la lampe tenue par la débile main de l'évêque des Syriens..... Une explosion de joie et des chants d'actions de grâces s'élèvent des rangs des chrétiens : « Évêque imposteur, s'écrie le sultan, tu abuses ton peuple ! Ce sont des moyens fallacieux qui allument ton feu mensonger. Je l'éteins !..... » Et son sabre de Damas frappe la lampe d'airain et écrase la mèche..... O prodige ! la lampe se rallume !..... Trois fois le sultan l'éteint, trois fois elle se ravive miraculeusement.

Les Syriens, au comble de l'allégresse, font retentir l'air de leurs *Alleluia!* Le sultan, confondu et illuminé d'un rayon prophétique, se retire à pas comptés en s'écriant : « Ou Jérusalem retombera aux mains des chrétiens, ou moi-même je vais mourir !..... »

Et, moins d'une année après, le grand sultan, amour de ses peuples et honneur de l'Islamisme, qui avait voulu être armé Chevalier des mains de Hugues de Tabarie (1), descendait prématurément dans la tombe, au milieu des sanglots de ses sujets, laissant un dinar et 40 drachmes d'argent dans son trésor, et des héritiers ennemis qui se disputaient à coups de sabre les lambeaux de son héritage.....

(1) *Histoire de la conqueste du royaume de Iervsalem sur les chrestiens*, par SALADIN. Traduite d'un ancien Manuscrit (par DE CITRY DE LA GUETTE), p. 88 à 96. (A Paris, chez Gervais Clouzier, au Palais, etc. M DCLXXIX, in-16°.)

V

SAINT FRANÇOIS D'ASSISE ET LE WALY DE JÉRUSALEM(1) *1219.*

Il est midi, le soleil tombe à plomb sur Jérusalem accablée et l'embrase de ses rayons dévorants. Tout dort dans la ville, depuis le *Wâly* (2) dans son divan, jusqu'au soldat dans son corps de garde et au mendiant dans la ruelle poudreuse, parmi les cailloux et les chiens.

Deux hommes, franchissant par une brèche les murs de Jérusalem tout récemment démantelés par le sultan de Damas El-Malec el-Moaddem Eïssa, et glissant silencieusement le long des rues solitaires, arrivent sans être aperçus, jusque sur le parvis de la *Basilique du Saint-Sépulcre.*

Ce sont deux pèlerins misérables, moitié moines et moitié mendiants; un capuchon recouvre leur front rasé, une ceinture de corde, soutenant leur gourde, serre leur robe de bure en haillons, une branche de palmier, dépouillée de ses feuilles, soutient leurs pas appesantis.

Le plus âgé des deux moines, qui semble diriger en maître absolu l'expédition, heurte d'une main ferme à la porte toujours verrouillée du *Saint-Sépulcre.* La garde paresseuse qui veille sous le porche, s'arrachant aux douceurs de la sieste, demande d'une voix irritée, à travers le guichet, ce que prétendent les survenants. « Vénérer le Saint-Sépulcre ! » La garde tend la main : « Neuf sequins d'or par tête, total : dix-huit. Payez ! »

(1) Malgré toutes nos recherches, il ne nous a pas été possible de retrouver l'ouvrage dans lequel nous avons puisé cette légende, mais nous affirmons qu'elle n'est point de notre invention.

(2) *Wâly* ou gouverneur, titre de l'Émir qui administrait Jérusalem sous les sultans Ayoubites d'Égypte.

Saint François d'Assise.

Tel était, en effet, le droit exorbitant imposé aux pèlerins par l'avarice musulmane. Selon le beau mot de Chateaubriand, il fallait payer à Mahomet, et payer très cher, le droit d'adorer Jésus-Christ. « Nous n'avons rien, déclare nettement le plus grand des deux moines, pour l'amour de Jésus, Fils de Marie, laisse-nous entrer! — Ah! tu n'as rien, misérable chien, et tu viens nous réveiller! Attends! » Et les soldats, s'élançant de leur repaire, rouent de coups les deux moines et les entraînent devant le *Wâly*.

Réveillé de sa sieste et d'aussi méchante humeur que ses subordonnés, le *Wâly*, passant à son tribunal, écoute le rapport du chef de poste et ordonne aux moines de verser sur-le-champ la somme réclamée et de la doubler à titre d'amende. « Nous n'avons pas un dirrhem, ô Effendi, déclare le plus âgé des deux moines. Fais-nous fouiller, si tu veux, par tes gardes. Nous sommes des moines mendiants, nous ne recevons pas d'argent et n'avons que le pain que Dieu nous donne. — Et vous osez vous présenter pour entrer au *Saint-Sépulcre !* et sans doute, ce même jour, vous vous êtes glissés subrepticement dans Jérusalem sans acquitter le droit de péage à la porte de Jaffa? — Tu l'as dit! — Bourreau, tranche-leur la tête! »

Son sabre à la main et ricanant d'un rire féroce, le bourreau a déjà posé la main sur la tête du moine : « Un instant, dit celui-ci. Émir, qu'est-ce pour toi qu'une minute de plus ou de moins! Ordonne d'abord à ton secrétaire de t'apporter la lettre placée sur ma poitrine, et que mes mains liées m'empêchent de te présenter moi-même! » Surpris, le *Wâly* donne l'ordre demandé. Le secrétaire, écartant la robe du moine, prend sur son cœur un carré de parchemin. Il le regarde et pâlit. C'est qu'un fil de soie pourpre retient les plis de la lettre, et qu'à ce fil rouge pend une bulle d'or sur laquelle on lit, en lettres arabes, le nom du très haut et très puissant prince le sultan d'Égypte et du Caire : El-Malek el-Camel. Le *Wâly* aussi a reconnu le cachet et la pâleur de la mort a envahi son visage : « Lis ! » dit-il à son secrétaire, d'une voix éteinte. Et le secrétaire, à demi défaillant, lit la missive écrite en encre de carmin, et par laquelle le roi des rois et sultan des sultans, maître des deux Égyptes, déclare prendre sous sa plus affectueuse protection le moine François, son meilleur et

plus cher ami, qui a étonné sa cour par de nombreux miracles, le recommande, ainsi que son compagnon, à son cousin le sultan de Karac et de Damas, et à tous ses officiers; et menace de tout son courroux et d'une vengeance exemplaire tous ceux, grands ou petits, qui oseront faire à l'un ou à l'autre la moindre injure.....

Ce moine, c'est saint François d'Assise, l'ami de Dieu et de la pauvreté, le grand thaumaturge, le grand prédicateur de l'Orient, le Père de l'Ordre séraphique, qui vient fonder une maison à Jérusalem et remplacer, autour du *Saint-Sépulcre*, les chevaliers vaincus et les hommes d'armes en déroute par des moines en robe de bure, toujours prêts à donner leur sang pour la défense du saint tombeau.

« Pardonne, s'écrie le *Wâly*, pardonne, homme de Dieu, et ne déchaîne point contre moi le formidable courroux du tout-puissant sultan d'Égypte. Accepte le sorbet, toi et ton compagnon, et, en retour des injures que tu as subies, demande ce que tu veux. Prends cette bourse qui renferme cent pièces d'or.

— Seigneur, répond le moine, je te l'ai dit, nous ne recevons ni or ni argent. Ne crains rien du sultan d'Égypte. Mais, puisque tu veux bien m'offrir une grâce, écoute : tout à l'heure, en traversant le quartier désert de Sion, j'ai aperçu auprès de l'église du Cénacle, transformée, hélas! en étable, j'ai aperçu une masure abandonnée et croulante. Donne-la-moi à perpétuité, à moi et à mes religieux pour toute la suite des temps. Je m'en ferai une petite demeure où je pourrai, avec mes frères, prier Jésus, Fils de Marie, à côté du lieu où il célébra sa dernière Pâque avec ses apôtres. En retour de ce bienfait, je te recommanderai moi-même aux sultans du Caire et de Damas qui, à ma demande, te confieront, j'en ai la certitude, un gouvernement de plus haute importance.

— Accordé! » s'écrie joyeusement l'Émir, trop heureux d'en être quitte à si bon marché. « Greffier, dresse sur-le-champ l'acte de donation, que j'y appose mon cachet. Et toi, ami de Dieu, demeure en paix à Jérusalem et prends soin du *Sépulcre* du Fils de Marie que je confie à ta garde et t'autorise à entretenir et à parer! »

Et c'est ainsi que, au péril de sa vie, le bon saint François, l'admirable saint qui causait avec Dieu, reçut les stigmates de Jésus-Christ et prêchait aux oiseaux, fonda la première maison franciscaine de Jérusalem, cette maison d'où est sortie cette phalange de moines héroïques qui, durant cinq cents ans, au milieu du silence de l'Europe indifférente, préserva le *Saint-Sépulcre* et le conserva à l'amour éploré des fidèles et des pèlerins.

VI

UNE FÊTE DE PAQUES AU SAINT-SÉPULCRE (1)

Avril 1300.

Quelle est cette foule tumultueuse, bizarre et bigarrée, qui, le beau jour de Pâques de l'année 1300, remplit à flots pressés la *Basilique du Saint-Sépulcre* et pousse en langues diverses de longues clameurs de victoire et de joie ?.....

A côté des chevaliers vêtus de fer, des montagnards du Caucase en grand costume de guerre, tout hérissé de poignards, des moines en cagoule noire, des Dominicains en robe blanche, des Franciscains en soutane de bure, des chanoines du Saint-Sépulcre en manteau blanc, orné d'une double croix pourpre, tous agitant des palmes et des rameaux, à côté des rois de Géorgie et d'Arménie couronnés d'or, et du grand maître des Hospitaliers en surcot rouge coupé par une large croix blanche, quels sont ces étranges soldats ?..... Vêtus de peau de mouton, sur laquelle parfois ruissellent les

(1) *Archives de l'Orient latin*, t. Ier, *partie D : Mélanges historiques et archéologiques*, § 1 : *Études sur les derniers temps du royaume de Jérusalem*, N° II : *Les batailles de Hims*, p. 643 à 652. (Paris, Ernest Leroux, 1881, gr. in-8°.) — *Compilation de l'histoire des Croisades insérée à la suite du pèlerinage de Le Huen*, feuillet CXLIII : *Comment le roy des tartarins fut chrestienne.* « Et ainsi par la volente de Dieu furent les sarrasins destruictz et desconfitz, et gectes hors du royaulme de surie et fut icelle terre mise en la main des tartarins, et en leur subgection, à pasques ensuyvant les chrestiens celebrerent le service diuin en la cite de iherusalem (comme lon dict) à grant ioye et exaltation. » — *Chronique du royaume de la petite Arménie*, p. 660 du tome Ier des *Documents arméniens*. (*Recueil des historiens des Croisades*, publié par les soins de l'Académie des Inscriptions et Belles-Lettres.

anneaux flexibles d'une cotte de mailles en acier de Chine, autour de la taille une écharpe de soie multicolore brodée de fleurs fabuleuses, de hautes bottes de cuir à la pointe relevée, la peau jaune, les yeux obliques, le crâne rasé, d'où pend une mince tresse de cheveux; sur l'épaule, un arc immense et un carquois rempli de flèches aiguës; à la main une longue lance, et, au flanc, un sabre japonais à la pointe taillée en biseau. Quelques-uns portent des piques surmontées d'un croissant auquel pend une crinière de cheval ou des bannières jaunes, rouges ou bleues, ornées d'un fantastique dragon. Seuls, leurs chefs, tout chargés de colliers et de bracelets d'or, coiffés de bonnets de peau coniques entourés d'un turban de fourrure précieuse, paraissent avoir quelque souci rudimentaire de l'étiquette et de la parure.

Orléanais, Champenois et Lorrains, gens de Metz et de Strasbourg : nos frères arrachés de nos bras, ne les reconnaissez-vous pas? Ce sont vos vieux ennemis du ve siècle, les hommes jaunes, les soldats d'Attila, aujourd'hui ceux du khân de Tauris et de Hamadan, *Gazân*, l'allié du roi de France, le cousin de l'empereur de la Chine : ce sont les Mongols (1).

Mais d'où vient, d'où vient donc, pèlerin, dis-le-moi, cet étrange amalgame qui réunit ainsi dans la clarissime

(1) *Gazân*, roi ou khân des Mongols de Perse, était l'arrière petit-fils de *Houlagou*, père de Mangou Khân, grand khân des Mongols résidant à *Karakoroum*. *Houlagou*, petit-fils de *Djenguis Khân* avait conquis la Perse, détruit le Califat de Bagdad en 1258 et fondé à *Tauris* un empire mongol vassal de celui des grands khâns de *Karakoroum* qui, pendant ce temps, conquéraient la Chine et transféraient leur résidence à *Pékin*. En 1295, à la mort de son cousin *Kublai Khân*, grand khân des Mongols et empereur de la Chine, *Gazân* se déclara indépendant et se proclama empereur des Mongols de Perse et d'Iran. Il mourut en 1304 et ses successeurs régnèrent en Perse jusque vers l'année 1335, époque où l'anarchie s'empara de ce royaume qui disparut en partie vers l'année 1355. Les Mongols de Chine sont expulsés en 1370 par la dynastie des Ming et retournent dans leur capitale primitive de *Karakoroum* en Tartarie.

Basilique, autour du tombeau du Christ, la fleur de la noblesse d'outre-mer, et les rois du Taurus et du Caucase (1) à d'affreux sauvages auxquels on semblerait faire trop d'honneur en leur donnant le nom d'hommes?

Cet amalgame, l'un des plus invraisemblables spectacles de l'épopée merveilleuse des Croisades, c'est le résultat des prédications dominicaines dans l'Asie centrale et surtout c'est le fruit d'une victoire récente : la sanglante bataille de *Hims*.

Hims, l'antique Emèse, la ville d'Héliogabale, où Aurélien vainquit la divine Zénobie (2), où, trois fois en quelques siècles, s'était joué le sort de la Palestine, où Khatib-Ibn-Walid, à la tête des Arabes, avait, en 634, défait l'armée byzantine d'Héraclius, où, deux fois, en 1260 et 1261, les Mamelucks d'Égypte avaient vaincu les Mongols. Cette fois, du moins, le sort a cessé de trahir et la victoire fidèle a suivi les étendards de la croix.

A une demi-journée de *Hims*, près de *Medjmaâ el-Moroudj*, dans le *Wadi el-Khazindar* (3), le 22 décembre 1299, la bataille s'est engagée.

Après l'invocation à Allah et l'exhortation des Imans, trois mille archers égyptiens ont décoché aux Mongols une volée de traits enduits de naphte enflammé. Des raies de feu sillonnent l'air étouffant. Mais trop d'espace sépare les combattants, et, dans la durée de la trajectoire, les flammes s'éteignent et les brandons, à bout d'essor, tombent sans atteindre le but. Les Mongols demeurent immobiles.

Alors la cavalerie mameluke, sabre et masse d'armes au poing, se précipite comme un torrent sur les lignes

(1) *Hethum*, roi de la petite Arménie; *David*, roi de Géorgie, et peut-être aussi le roi des Ibériens.

(2) *Les Césars de Palmyre*, par LUCIEN DOUBLE, p. 130 à 136. (Paris, Sandoz et Fischbacher, 1877 in-8°.)

(3) La vallée du Trésorier.

ennemies. Les Mongols ont mis pied à terre et rangé devant eux, comme un rempart vivant, leurs chevaux épuisés par de trop longues marches. A l'abri de ce retranchement, ils font pleuvoir sur leurs adversaires une nuée de flèches triangulaires, barbelées, meurtrières. Ces flèches abattent des rangs entiers. La cavalerie égyptienne tombe par masse, décimée par les décharges multiples et comme le feu roulant des archers mongols. Elle tourne bride et s'enfuit, entraînant dans sa déroute l'aile droite tout entière. Une fois de plus, l'arme de jet a triomphé de la valeur personnelle et de l'arme de main.

Mais, à l'aile gauche, la victoire capricieuse favorise l'Égyptien. Les Mameluks, dans une lutte corps à corps, ont fait plier les cavaliers mongols du général *Koutlouskschah*, malgré l'intrépidité de *Gazân* qui, voyant la journée compromise, a combattu au premier rang comme un simple soldat. Cinq mille hommes sont tombés sous les coups des Égyptiens. Le grand khân, découragé, ordonne la retraite.....

Mais un transfuge s'élance vers lui : l'émir *Kandjak*, l'ancien gouverneur d'Alep et conseiller du sultan *Kelawoun*. Il ranime le courage de *Gazân*, lui rend l'espérance et le détermine à reprendre l'offensive.

Ralliant les fuyards et faisant porter devant lui son étendard rouge, orné d'un dragon d'or et de perles, *Gazân* adjure au nom du Christ les chevaliers croisés, les Ibériens et les rois d'Arménie et de Géorgie, et, rassemblant ses escadrons, pousse une dernière fois à l'ennemi.

Les chevaliers chrétiens se signalent par leur audacieuse valeur. Rien ne résiste à leur choc. Les Mamelucks, vaincus, plient à leur tour, se débandent, entr'ouvrent leurs rangs rompus, et l'irrésistible avalanche tombe sur le centre où commande en personne, entouré de sa garde, le jeune sultan d'Égypte, *Mélik-Nasir-Muhammed*.

Tout cède devant l'armée coalisée : le centre est enfoncé. Les Égyptiens se dispersent dans une fuite éperdue; le Sultan, à grand'peine, regagne l'Égypte avec une faible escorte de 2000 cavaliers. Damas, Balbeck, Hébron et Gaza ouvrent leurs portes, et, malgré le départ de *Gazân*, rappelé par une incursion ennemie sur les frontières de Perse, Jérusalem épouvantée se soumet au vainqueur. Le général *Moulaï* y fait son entrée solennelle avec sa cavalerie et en prend possession au nom de l'empereur des Mongols.

Voilà pourquoi, chrétiens qui me lisez, voilà pourquoi le jour de Pâques de l'année 1300, quatre mois après la bataille de *Hims*, les Croisés, unis aux Mongols demi-bouddhistes et demi-musulmans, célébraient la résurrection du Christ et chantaient l'*O filii et filiæ* au pied du *Saint-Sépulcre*, devant le théâtre même et le glorieux trophée de la Résurrection.

O jour ineffable, digne d'être inscrit en lettres de feu dans le livre d'or des Croisades !....

Hélas ! le bonheur n'a qu'une heure, et ce beau jour, si même il exista, n'eut pas de lendemain. Au *Te Deum* de la victoire succède sans transition le *Miserere* de l'abandon.

Quelques jours après Pâques, au mois d'avril 1300, *Moulaï* et ses Mongols, effrayés de leur solitude en pays ennemi, reprenaient à toute bride le chemin de l'Euphrate. Les Chrétiens, demeurés seuls et trop faibles contre l'Égypte, abandonnaient Jérusalem. Vainement un double retour offensif des Mongols, en 1301 et 1303, leur rendait un fugitif espoir. La défaite des Mongols, dans la prairie de *Soffar*, près Damas, en 1303, et la mort de *Gazân,* le 17 mars 1304, venaient détruire à jamais leurs persistantes illusions.

Mais la nouvelle de la victoire de *Hims* et de la Pâque sublime de l'an 1300, grossie par la légende et embellie par l'imagination populaire, parvint en Occident, et sembla entr'ouvrir des horizons enchantés. On raconta que la Palestine entière avait été conquise et donnée aux Chrétiens par le khân des Mongols; que l'empire égyptien était abattu, et que des ambassadeurs de *Gazân* venaient solliciter le Pape de prêcher une nouvelle croisade, non plus pour conquérir, mais pour conserver la Terre Sainte.....

..... La chrétienté tout entière poussa un long cri d'allégresse. Les dames génoises prirent la Croix. Les paysans des Flandres et des bords du Rhin, comme aux temps de Pierre l'Ermite, se mirent en route pour Jérusalem, et le pape Boniface VIII appela aux armes la chevalerie d'Occident.

..... Mirage éternel et force décevante de la légende! Emportés comme un nuage par le tourbillon des révolutions asiatiques et l'écroulement de leur empire de Perse, vers l'année 1335, les Mongols disparurent pour un siècle et plus. La Chine même leur échappe en 1370. La Pâque victorieuse de l'an 1300 n'eut point de lendemain, quelques historiens même en nient l'existence (1) et d'autres la reportent à l'année 1281, racontant que, ce jour-là, l'évêque de Sidon, en présence des Mongols et des chevaliers chrétiens, chanta la Messe au *Saint-Sépulcre* (2). De tant d'efforts, d'héroïsme, d'espérance et de sang, que reste-t-il? La seule chose vraie d'ici-bas :

(1) Il faut nécessairement reconnaître que tout cela est extrêmement incertain et à tout le moins excessivement mêlé de fables, aussi, comptons-nous ce récit au nombre des *Légendes du Saint-Sépulcre.*

(2) *Archives de l'Orient latin,* t. Ier, partie D, p. 638, note 22, et p. 641, note 34 *in fine.*

un fantôme! mais qui hantera perpétuellement nos âmes : le fantôme de Jérusalem redevenue catholique et française : notre *Fantôme d'Orient*.....

VII

SILHOUETTE FRANCISCAINE (1)

1479-1495.

A la fin du xve siècle et à l'aurore des temps modernes, une étrange figure, solennelle et énigmatique, se dresse auprès du *Saint-Sépulcre* sur lequel elle semble étendre une main protectrice.....

C'est un vieillard de haute taille, à la longue barbe blanche, au front chauve, l'air sévère et tout empreint d'une indéfinissable majesté. Laïque, il vit au milieu des Franciscains, suit librement leur règle et porte leur robe de bure. Il est leur Procureur. Les pèlerins ont en lui une entière confiance et les Infidèles lui témoignent un superstitieux respect. Les petits enfants, comme pour Richard Cœur de Lion, se cachent à son approche, et les Juifs, d'ordinaire si insolents, se troublent à sa vue. Le soudan d'Égypte le tient en haute estime et les administrateurs musulmans de Jérusalem, presque intimidés devant lui, souscrivent avec empressement à toutes ses requêtes. Grâce à son crédit, les Franciscains, malgré la jalousie des Grecs et la haine des Juifs, peuvent réparer

(1) *Fratris Felicis Fabri Evagatorium in Terræ Sanctæ, Arabiæ et Egypti peregrinationem edidit Cunradus Dietericus Hassler*, etc., *volumen secundum*, p. 2 à 4, 5, 14, 106. (Stuttgardiæ, *sumtibus societatis litterariæ Stuttgardiensis*, 1843, 3 vol. in-8°). — *Voyage à Jérusalem de Philippe de Voisins, seigneur de Montaut*, publié pour la Société historique de Gascogne, par Ch. Tamisey de Laroque, p. 32 (Paris, Champion, MDLXXXIII, broch. in-8° de 60 pages). — *L'Ordre du Saint-Sépulcre de Jérusalem depuis ses origines jusqu'à nos jours*, par A. Couret, ancien magistrat, etc., p. 72 à 74. (Orléans, Herluison, 1887. *Extrait du Journal « La Terre Sainte »*.)

leurs sanctuaires, en étayer les ruines et clore de palissades et de fascines les brèches du *Saint-Sépulcre* et de la basilique de Bethléem.

Qui est-il ? On l'ignore. On le nomme Frère Jean.... mais on murmure tout bas qu'il est un grand seigneur, un chevalier de haut lignage, éprouvé dans maints combats et apparenté de près à une famille suzeraine de l'aristocratique et dédaigneuse Allemagne. Peut-être est-ce un parent de ces farouches Hohenzollern, burgraves de Nuremberg et margraves de Brandebourg, qui vont prochainement étonner l'empire germanique du scandale de leur ambitieuse apostasie !.....

Il vit retiré, selon le pieux usage des Croisades (1), auprès du *Saint-Sépulcre,* y passant ses jours et ses nuits, glissant comme un fantôme sous les arceaux disjoints, effroi du prêtre cophte et du moine d'Abyssinie, redouté même de l'altier Géorgien (2). Les morts couchés sous les dalles de la Basilique (3) soulèvent, dit-on, leur pierre sépulcrale pour le considérer au passage. On l'a vu, du côté de la crypte de Sainte-Hélène, conversant à minuit avec une ombre indécise en long suaire blanc.....

Son unique joie, son pieux et fidèle souci, c'est de décorer la sublime Basilique, d'en bloquer les lézardes et de la défendre contre la malice des hommes, les injures du

(1) Exemple dans *Archives de l'Orient latin*, t. II, 1re partie, p. 149.

(2) Les Géorgiens occupaient alors la chapelle du Calvaire et la moitié de la fente du rocher. (*Die Reise des Grafen Philipp des jüngeren von Hanau-Münzenberg nach dem heiligen Lande* (1484), p. 102 des *Zeitschrift des Vereins für hessische Geschichte und Landeskunde, Neue Folge. Sechszehnter Band. Kassel 1891*, publié par Reinhold Röhricht. — Conf. *F. Felicis Fabri Evagatorium*, t. II, p. 94.)

(3) On sait qu'une ancienne description de la Basilique signale les tombes de quarante martyrs inconnus dans la seule rotonde du *Saint-Sépulcre* (*Innominatus II*, p. 120 du *Theoderici libellus de locis sanctis edidit Titus Tobler* (1865, Saint-Gallen ; Paris, A. Franck, in-12). Il y faut ajouter les tombes des rois latins et la pierre de Philippe d'Aubigny sur le parvis, sans compter tout ce qu'on ignore.

temps et l'indiscrète ardeur des pèlerins qui, parfois, enfonçant des clous dans les fissures du saint tombeau, y suspendent d'irrespectueuses tablettes enluminées de leurs obscurs blasons (1).

Quel drame a passé sur sa vie? Quel coup de foudre, l'arrachant à la splendide épopée de la vie féodale, l'a jeté comme une épave au pied du roc ébranlé du Calvaire et de la crypte enflammée du *Sépulcre?* On se raconte à demi voix une touchante histoire d'amour, douce comme un chant d'oiseau, douloureuse et navrée comme les sanglots de la Prose des morts..... L'histoire, en ses sèches annales, garde sur lui un irritant silence, mais la légende affectueuse l'enlace de son bras poétique, et les récits anecdotiques des pèlerins projettent sur cette mystérieuse figure un rayon de fantastique et indécise lumière.

C'est lui qui, dans la nuit sombre, quand tout dort dans la Basilique, arme solennellement Chevaliers dans la crypte du *Sépulcre* les pèlerins auxquels leur origine permet d'ambitionner cet honneur. Il a, pour cette mission, reçu des pouvoirs légitimes du Pape et de l'empereur. Tous ces fiers seigneurs, ces pèlerins héraldiques, ces gentilshommes au sang bleu : *les ducs de Mechelburg, les comtes de Solms et de Nassau, le prince Palatin du Rhin, les barons de Zimmern et de Stoffel,* le Français *Philippe de Voisins, seigneur de Montaut,* l'Italien *Santo Brascha,* plus tard chancelier du duc *Ludovic Sforza* de Milan, etc., fléchissent le genou devant lui à l'intérieur de la chapelle du *Sépulcre.* Il arme lui-même le plus qualifié d'entre eux, lui ceint une épée incrustée d'or et lui chausse les éperons dorés ; puis il lui remet le soin d'armer à son tour celui qui, en dignité, vient

(1) *Fratris Felicis Fabri Evagatorium*, t. II. p. 96.

immédiatement après lui, et ainsi successivement. Si les Infidèles le savaient, il payerait de sa vie ce courageux ministère : car une loi implacable, loi de terreur et de sang, interdit aux chrétiens de pénétrer dans Jérusalem avec des armes apparentes ou cachées. Mais qu'importe la mort à un fidèle du *Saint-Sépulcre?*..... Durant plus de seize ans, de 1479 à 1495, on le voit à son poste d'honneur, continuant sa veillée des armes auprès du tombeau du Christ.....puis il disparaît ; comme son nom, sa tombe est ignorée (1) !

Qu'il serait intéressant de percer le voile qui enveloppe cette étrange destinée et, à force de recherches et de patientes investigations dans les vieux itinéraires du xve siècle, de reconnaître le nom et les aventures extraordinaires du mystérieux FRÈRE JEAN, le Tertiaire de Saint-François, l'amant anonyme et le protecteur inconnu du *Saint-Sépulcre!*.... Peut-être nous sera-t-il donné de le faire quelque jour.

VIII

LES PETITES LÉGENDES DES SIÈCLES DE DÉCADENCE
1450-1808.

Le temps des graves récits et des héroïques légendes est passé!..... L'ère moderne, avec ses désillusions, ses ironies et ses clartés vacillantes et cruelles, s'avance à grands pas. La légende timide pâlit, s'efface et, comme un fantôme surpris par l'aurore, s'enfonce dans l'ombre indécise.

Mentionnons cependant, avec un sourire attendri et

(1) Cette tombe a dû exister et existe peut-être encore dans l'ancien cimetière des Franciscains situé, à la fin du xve siècle, sur le Mont Sion près le couvent du Cénacle. (*Fratris Felicis Fabri Evagatorium*, t. Ier, p. 275; t. II, p. 102.)

une respectueuse condescendance, les petites légendes, menue monnaie des fiers récits d'autrefois, rapportées de Terre Sainte, avec les roses de Jéricho, les palmes bénites, la nacre ciselée de Bethléem, les pommes de Sodome et les chapelets de bois d'olives, par les pèlerins du XVe au XIXe siècle.

Dans leur enthousiasme naïf, un peu enfantin et crédule peut-être, mais pourtant si respectable, les bons pèlerins, en parcourant comme aujourd'hui, sous la

conduite d'un zélé Franciscain, la *Basilique du Saint-Sépulcre,* se faisaient montrer par leur guide et admiraient avec une robuste confiance et une touchante ferveur :

La chaire ou chaise de marbre où siégeait sainte Hélène pendant que l'on exhumait la sainte Croix(1); les colonnes

(1) *Fratris Felicis Fabri Evagatorium,* t. I, p. 295. — CASTELA, *Le sainct voyage de Hierusalem et mont Sinay*, faict en l'an du grand Jubilé 1600 (A Bourdeaux, MDCIII.), p. 233. — D'autres pèlerins considéraient ce siège comme le trône de saint Jacques. (LUDOLPHUS DE SUDHEIM, *De itinere Terre Sancte,* dans les *Archives de l'Orient latin,* t. II, *Documents,* n° III, *Voyages,* p. 353. Paris, Leroux, 1884, gr. in-8°).

de marbre blanchâtre de la chapelle souterraine de l'Invention de la Croix qui, depuis la flagellation de Notre-Seigneur Jésus-Christ, semblent répandre des larmes (1); le sépulcre prétendu de sainte Hélène dans cette même chapelle de l'Invention de la Croix (2), et le murmure mystérieux que l'on entend en collant son oreille contre une pierre creuse de cette même chapelle (3).

De cette crypte, en remontant dans la Basilique supérieure, les pèlerins s'agenouillaient devant l'autel sur lequel, disait-on, l'empereur Héraclius, le jour de son entrée victorieuse à Jérusalem, avait déposé la Sainte Croix (4), et considéraient avec une pieuse surprise, dans le chœur actuel des Grecs, la plaque de marbre revêtue de bronze marquant, disait-on, le Centre du monde : vieux souvenir du temple de Delphes transplanté par la superstition dans l'*église du Saint-Sépulcre* (5).

Sur le Calvaire, ils révéraient la place où, disait-on, un pieux pèlerin avait rendu l'âme dans une extase d'amour (6), et se remémoraient que, au dire d'une antique légende, la surface du rocher, empourprée du sang de Jésus-Christ, avait été enlevée au ciel de la propre main des anges (7). Quelques-uns, la veille du départ, glissaient subrepticement leur pain dans la fente même du Calvaire, car, d'après une tradition constante,

(1) *Fratris Felicis Fabri Evagatorium*, t. I, p. 293. — CASTELA, p. 233.

(2) *Le voyage de la Terre Sainte*, composé par Me DENIS POSSOT, et achevé par messire CHARLES PHILIPPE, seigneur de Champarmoy, etc., p. 178. (Paris, Ernest Leroux, 1890, gr. in-8°.)

(3) *F. F. Fabri Evagatorium*, t. I, p. 294.

(4) CASTELA, p. 222.

(5) Ce centre du monde ou *Compas* est cité par tous les anciens pèlerins (MGR MISLIN, *Les Saints Lieux*, t. II, p. 349, 350).

(6) VERGONCEY, *Le nouveau et dernier voyage de Jérusalem*, faict par le commandement du ROY. (A Paris, chez Simon Febvrier, MDCXXXIII, in-4°), p. 265.

(7) THEODOSIUS, *De Terra Sancta*, p. 64.

le pain, séjournant quelques minutes dans cette déchirure miraculeuse, conserve à jamais sa fraîcheur et ne se corrompt jamais (1).

Au fond de la chapelle d'Adam ou de Notre-Dame de Pitié (2), creusée au ciseau, dans le rocher du Calvaire, on signalait aux visiteurs, à côté des mausolées des rois latins et du prétendu sépulcre de Melchisédec (3), la fente mystérieuse du roc d'où l'on entend le murmure des eaux caverneuses et qui, dit-on, communique par un conduit souterrain avec la fontaine de Siloé (4). Puis, frappant du pied une dalle de marbre noir incrustée dans le pavage, le religieux Franciscain qui guidait les pèlerins dans leur visite au *Saint-Sépulcre*, s'arrêtait en hochant la tète : « Ah! disait-il, si la défiance des Turcs et la malice des Grecs nous permettaient de soulever cette dalle et de fouiller les profondeurs du sol, ce serait là peut-être que nous rencontrerions, dans son reliquaire de vermeil, le cœur d'un fils de France, d'un sire des fleurs de lys, de Philippe le Bon, duc de Bourgogne!..... Sur son lit de mort, le grand-duc d'Occident, qui toute sa vie avait aimé la Terre Sainte (5), rêvé la Croisade et envoyé tant

(1) *Le voyage de la saincte cyté de Hierusalem, fait l'an 1480*, publié par M. Ch. Schefer, membre de l'Institut. *Introduction*, p. XXXIX (Paris, Ernest Leroux, MDCCCLXXXII, grand in-8°.)

(2) Thévenot, p. 588.

(3) De Vogüé, *Églises de la Terre Sainte*, p. 197.

(4) *Antoninus martyr, De locis sanctis*, § 19, p. 102. — *Antoninus martyr, De locis transmarinis sacris*, p. 125.

(5) Outre la fondation de l'hospice de Ramleh et de nombreux bienfaits au couvent des Franciscains du Mont-Sion et de Bethléem constatés par Bernard de Breydenbach (*Opusculum sanctarum peregrinationum in montem Syon, ad venerandum Christi sepulcrum in Jerusalem*, etc., p. 27 (édition de Mayence, MCCCCLXXXVI, petit in-folio), par Fabri, Le Huen et les auteurs cités p. 58 des *Pèlerinages d'autrefois en Terre Sainte* par A. Couret, ancien magistrat (Orléans, Herluison, 1893, in-12), Philippe le Bon aurait encore, au dire d'un pèlerin, fondé un dîner perpétuel que les Franciscains devaient offrir gratuitement à chaque groupe de pèlerins (*Le sainct voyage de Hierusalem ou petit traicté du voyage de Hierusalem, de Rome et de Sainct-Nicolas du Bar*

d'explorateurs en Orient, qui, pour le recouvrement des Saints Lieux, avait institué l'ordre magnifique de la Toison d'or, sur son lit de mort, le grand duc d'Occident ordonna que son cœur, détaché de sa poitrine, fût enseveli au *Saint-Sépulcre*, auprès des tombes des rois-chevaliers..... Les uns assurent que son vœu fut accompli, et que son cœur gît ici même, à quelques pas de celui de Godefroy de Bouillon (1); mais, jusqu'à présent, nos recherches pour le retrouver sont demeurées sans fruit..... D'autres, au contraire, nient absolument que le cœur de Philippe le Bon repose ici. A les entendre, il n'était pas digne de cette auguste récompense et de ce suprême honneur, le cœur du Fils de France! car il avait méconnu un autre cœur plus noble, plus pur, plus patriote, plus français que le sien : il avait méconnu le cœur de Jeanne d'Arc. Il avait répondu par un sourire moqueur aux reproches que Jeanne d'Arc lui avait adressés sur ses mœurs et son alliance avec les Anglais (2). Et, lorsque son cœur arriva à Venise, l'évêque d'Arras, qui le portait, fut assailli d'une foule d'observations décourageantes et de sinistres pronostics : « Prenez garde! La mer n'est pas sûre; les flottes ottomanes et les vaisseaux corsaires la sillonnent en tous sens! L'armée des Turcs assiège Négrepont! L'année, d'ailleurs, est mauvaise et la tempête fait rage! N'exposez pas le cœur du grand duc de Bourgogne à

en Pouille de Jehan de Cucharmoys natif de Lyon etc. (Société de l'Orient latin), et précédé d'une introduction par le Comte DE MARSY. (Genève, imprimerie Jules-Guillaume Fick. MDCCCLXXXIX, in-4°, tiré à 90 exemplaires, p. 7.)

(1) QUARESMIUS, *Historica theologica et moralis Terræ Sanctæ elucidatio*, t. II, *pars prima*, p. 366. (Venetiis, typis antonellianis, 1882, in-folio.) — DE VOGÜÉ, p. 109, note 1.

Quaresmius assure que Philippe le Beau, duc de Bourgogne, fils de Maximilien d'Autriche et gendre de Ferdinand le Catholique, aurait également ordonné que son cœur fût porté au *Saint-Sépulcre*.

(2) Cette entrevue de Jeanne d'Arc et de Philippe le Bon est représentée sur un des tableaux de l'Hôtel de Ville d'Orléans.

devenir la proie du musulman ou le jouet des flots! n'allez pas à Jérusalem!..... » L'évêque, terrorisé, fut, disent certains auteurs, infidèle à sa mission. Il demeura en Italie, descendit jusqu'à Rome et déposa, dit-on, le cœur de Philippe le Bon dans les cryptes de Saint-Pierre de Rome (1). C'est là, certes, une sépulture infiniment honorable, trop belle peut-être pour un simple mortel, mais enfin, ce n'est pas ce qu'avait voulu le magnifique duc de Bourgogne, et le cœur de Philippe le Bon, par un juste jugement de Dieu, ne repose pas auprès du *Saint-Sépulcre!.....*

Les ecclésiastiques, — comme Messire Jehan Blanchon, l'un des quatre chapelains du Saint-Sépulcre de Paris (1550), Artus Désiré (1572), Gilles Porte, aumônier de la reine Marie de Médicis (1598 et 1610), Michel Guibert (1600), Félix du Castel (1610), Claude Courtin (1619), Martin de Gourmont (1625), Lambert Guyot de Sansalle (1780), Louis Camille Le Trésor de Fontenay, aumônier de M. le duc d'Orléans (1780) (2), — briguaient avec passion, comme encore aujourd'hui, l'honneur et la joie de célébrer la messe au *Saint-Sépulcre,* assurés qu'ils étaient que chaque messe dite dans le saint tombeau délivre sur-le-champ une âme du Purgatoire (3).

Mais, prends garde, pèlerin téméraire, de ne point, par une indiscrète et indécente familiarité, manquer de res-

(1) *Godefroid de Bouillon et les rois latins de Jérusalem, étude historique*, etc., par le baron de Hody, 2e éd. (Paris Lethielleux; Tournai, Casterman, 1859, in-8°.), p. 437, 438. — *Histoire et voyage de la Terre Sainte*, etc., par le R. P. Jacques Goujon (A Lyon, MDCLXX, in-4°.), p. 163, 164.

(2) *Registre des chevaliers et voyageurs en la Terre Sainte*, folios 151, 170, 224, 267, 223, 239, 251, 264, 292, 30 verso et 31. Ce précieux Registre, qui faisait partie des archives de l'ancienne Archiconfrérie du Saint-Sépulcre de Paris, a passé depuis dans la bibliothèque de M. l'abbé Laurent de Saint-Aignan, chanoine titulaire d'Orléans, pieusement et doucement décédé le 4 décembre 1893.

(3) *Fratris Felicis Fabri Evagatorium*, t. I, p. 314.

pect au *Saint-Sépulcre!* Écoute la redoutable légende que raconte à ce sujet le savant Dominicain Félix Fabri : « Un jour, un jeune seigneur allemand, à demi ivre, escalada en se jouant l'édicule du *Saint-Sépulcre* et s'étendit de tout son long sur la plate-forme..... Sa témérité reçut sa juste récompense : quand le profanateur voulut se relever, il était paralysé des quatre membres et le demeura toute sa vie (1). »

Le groupe tout entier du pèlerinage allait ensuite sur le parvis de la Basilique se prosterner sur la dalle de marbre marquant la place où, dit-on, Notre-Seigneur Jésus-Christ tomba pour la dernière fois avant d'arriver au Calvaire(2). Puis, tout à côté, on s'agenouillait sur la pierre encore calcinée et sanglante où fut brûlé vif, au milieu du xe siècle, le patriarche Jean VI (3), et où, sept cents ans plus tard, subirent le même sort l'héroïque Tertiaire Marie de Portugal et le vénérable Cozima, pour avoir publiquement maudit Mahomet et refusé d'apostasier pour sauver leur vie (4).

Enfin, dans la belle sacristie des Franciscains, qui fait suite à la chapelle de l'Apparition, ils admiraient les magnifiques ornements d'église, tout constellés de cou-

(1) *Fratris Felicis Fabri Evagatorium*, t. II, p. 92, 93.

(2) *Journal du voyage à Jérusalem de Louis de Rochechouart, évêque de Saintes (1461)*, publié avec une notice sur sa vie par CAMILLE COUDERC, *sous-Bibliothécaire à la Bibliothèque nationale* (Paris, Ernest Leroux, 1893, gr. in-8°, p. 75.) — *Pèlerinage en Terre Sainte de Philippe de Hanau-Münzenberg le jeune, en 1484*, p. 103 des *Zeitschrift des Vereins für hessische Geschicte und Landeskunde* etc., cité plus haut, p, 125.

(3) CEDREN, *Historiarum compendium*, col. 107. (Migne, *Patrologie grecque*, t. CXXII.)

(4) VERGONCEY, *Le nouveau et dernier voyage de Jérusalem, faict par le commandement du Roy*, p. 134. — Frère LIÉVIN DE HAMME, *Guide indicateur des sanctuaires et lieux historiques de la Terre Sainte*, première partie, p. 262. (Jérusalem, 1887, 3e édition.) — *Voyage de Jérusalem par le Frère Tondeur, religieux minime à Rome, en l'année 1717*, p. 66. (Manuscrit de la bibliothèque de l'auteur.)

ronnes et d'armoiries, offerts par les rois de France et d'Espagne. Surtout, ils se faisaient montrer respectueusement et baisaient avec amour l'épée légendaire, l'éperon et le collier d'or prétendu de Godefroy de Bouillon qui servaient, depuis la fin du XVIe siècle, à la religieuse et noble investiture des *Chevaliers du Saint-Sépulcre.* Mais, malgré leurs instances, ils n'obtenaient jamais des Franciscains de leur ouvrir le merveilleux et légendaire trésor de calices, ciboires, ostensoirs sertis de pierreries et pieux bijoux qu'ils gardent, à ce qu'on assure, dans un réduit si secret qu'un seul des religieux en possède la notion qu'il transmet tout bas sur son lit de mort au plus vénérable de ses confrères.

Sans doute aussi, durant la nuit trois fois sainte, nuit d'extase et d'amour, achetée au poids de l'or et au péril de la liberté et de la vie, qu'ils passaient au *Saint-Sépulcre,* les pèlerins d'autrefois croyaient voir apparaitre à leurs yeux alourdis, sous le clair obscur des arceaux et les oppositions violentes de ténèbres et de lumière, les ombres plaintives ou rayonnantes des pèlerins légendaires et des illustres amantes du *Saint-Sépulcre,* pressant sur leur poitrine, de leurs deux mains diaphanes, les uns leur vaillante épée teinte encore du sang de l'Infidèle, les autres, la croix rédemptrice couronnée d'épines et projetant des rayons.....

Vahan l'Arménien, général d'Héraclius, qui, vaincu par les Arabes à la bataille du *Jarmouk,* s'enfuit à Jérusalem, puis au Sinaï, où il se fait ermite sous le nom d'Anastase (1). Le fabuleux Huon de Bordeaux, venant accomplir en Orient les invraisemblables exploits mis à sa charge par l'implacable courroux de Charlemagne (2). Renaud de

(1) *Eutychii Annales,* col. 1097.

(2) *Les anciens poëtes de la France,* publiés sous les auspices de M. le Ministre de l'Instruction publique et des Cultes. *Huon de*

Eudes Le Maire de Châlo-Saint-Mard.

Montauban et son cousin, l'enchanteur Maugis, à grand' peine échappés à la vengeance du trop irascible empereur et qui aident l'armée chrétienne à s'emparer de Jérusalem (1). Charlemagne lui-même, tiare d'or en tête, Joyeuse en mains, et suivi de ses douze pairs que la mort guette à Roncevaux (2); l'empereur grec Zimiscès, la terreur du croissant, fier et bien pris dans sa petite taille, le front ceint d'un laurier d'or, la poitrine revêtue de sa cuirasse azurée, qui vient de reconquérir Jérusalem et, nouvel Héraclius, rentre au *Saint-Sépulcre* aux chants d'allégresse des moines et aux acclamations du peuple (3). Le roi scandinave saint Olaf, le convertisseur de la Norvège, vaincu par trahison à la bataille de Svoldr, et qui s'agenouille au *Saint-Sépulcre* avant d'aller se faire moine au Sinaï (4); le duc Eudes de Bourgogne pleurant sa fille, la belle Florine, disparue avec son fiancé Suénon de Danemark à la surprise nocturne de *Philomélium* (5); Eudes Le Maire, de Châlo-Saint-Mard (près Étampes) qui,

Bordeaux, chanson de geste, par M. F. GUESSARD et C. DE GRANDMAISON (Paris, chez F. Vieweg, MDCCCLX, in-12), p. 85.

(1) *Histoire littéraire de la France*, etc., t. XXII, p. 687 et 698, 704, 705. — *Étude sur la date, le caractère et l'origine de la chanson du pèlerinage de Charlemagne*, par H. MORF, p. 190, note 1 du tome XIII, année 1884, de la ROMANIA. — Voir aussi le *Pèlerinage légendaire au Saint-Sépulcre du comte de Saint-Gilles, de son fils, d'Aimeri de Narbonne*, etc., p. 423 du tome XXII de l'*Histoire littéraire de la France*.

(2) Voir plus haut, p. 64, la *Légende de Charlemagne*.

(3) *La donation de Hugues, marquis de Toscane, au Saint-Sépulcre*, par le comte RIANT, page 19, texte et note 1 (Paris, Imprimerie nationale. MDCCCLXXXIV, in-4°.) — *Léon le diacre*, X, ch. IV, à VI. (*Parisiis, ex typographia Regia*, MDCCCXIX. in-fol.) — MATHIEU D'EDESSE, I, §§ V, VI, p. 12 à 20 du tome Ier des *Historiens des Croisades, Documents arméniens* publiés par les soins de l'Académie des Inscriptions et Belles-Lettres. (Zimiscès ne paraît pas être parvenu jusques à Jérusalem.)

(4) *Expéditions et pèlerinages des Scandinaves en Terre Sainte au temps des Croisades*, par le comte PAUL RIANT, p. 108 à 119. (Paris, MDCCCLXV, in-8°.)

(5) *Instructions à l'usage des voyageurs en Orient*, publiées sous les auspices du Comité de la langue, de l'histoire et des arts de la France. *Histoire. Les Croisades*, par M. le marquis DE PASTORET, p. 23,

au nom du roi Philippe Ier, fait le pèlerinage de Terre Sainte, à pied, revêtu d'une lourde armure, l'épée au côté et le cierge à la main, et qui, par cet exploit, conquiert à lui et à sa descendance cet anoblissement légendaire sur lequel on a tant disserté (1). Le pieux seigneur Théodoric de Rulant, mort d'amour après une prière fervente au *Saint-Sépulcre* (2), et le chevalier Eberhard, qu'un bon diable, en veine de courtoisie, transporta un jour en esprit à Rome et à Jérusalem (3). Le roi de Danemark, Valdemar Atterdag, créé, au XIVe siècle, Chevalier sur le *Saint-Sépulcre* et excommunié par le Saint-Siège pour s'être rendu en Terre Sainte sans autorisation pontificale (4). Le jeune archiduc Frédéric d'Autriche, depuis empereur d'Allemagne sous le nom de Frédéric III (5), et ce brave Poncet de Rivière qui, injustement disgrâcié par Louis XI, en 1465, refuse toute compensation et part pour le *Saint-Sépulcre* et le Sinaï, d'où il ne devait pas revenir (6). Le célèbre chirurgien André Vésale, le créateur de l'anatomie, qui découvrit la circulation du sang, et fut, dit-on, de ce chef, poursuivi avec

24. (Paris, imprimerie impériale, MDCCCLVI, in-8°.) — *Expéditions et pelerinages des Scandinaves en Terre Sainte*, par le comte PAUL RIANT, p. 146, à 152.

(1) *Traité de la noblesse et de tous ses différents états*, etc. Nouvelle édition, par M. DE LA ROQUE (A Rouen, MDCCXXXIV, in-4°.), ch. XLIV, p. 157 à 160. — *Histoire de Navarre, etc.*, par ANDRÉ FAVYN Parisien, Aduocat en Parlement (A Paris, 1612, in-fol.), liure dixhuictiesme, p. 1143.

(2) *Caesarii Heisterbacensis monachi ordinis cisterciensis Dialogus miraculorum. Textum* etc., accurate recognovit JOSEPHUS STRANGE (Coloniæ, Bonnæ et Bruxellis, sumptibus J. M. Heberle (H. Lempertz et comp.), MDCCCLI, 2 vol. in-12), volumen secundum, p. 291.

(3) *Idem*, volumen primum, p. 321 à 323.

(4) *Expéditions et pèlerinages des Scandinaves en Terre Sainte au temps des Croisades*, par le comte PAUL RIANT, p. 170 texte et note 2.

(5) OLIVIER DE LA MARCHE, *Mémoires publiés pour la Société de l'Histoire de France*, par HENRI BEAUNE et J. d'ARBAUMONT, t. Ier, p. 32, 33.

(6) JEAN DE TROYES, *Chroniques*, p. 272, *Nouvelle collection des Mémoires pour servir à l'Histoire de France etc.*, par MM. MICHAUD et POUJOULAT, 1re série, t. IV (Paris, 1837, gr. in-8°).

tant de rigueur par l'Inquisition espagnole que, pour le sauver du bûcher, Philippe II dut l'expédier en Terre Sainte. Il mourut, au retour, de misère et de faim, dans l'île de Zante (1). Enfin, ce pèlerin bizarre, bourgeois de Verberie (2), près Senlis, auquel Catherine de Médicis promit cent écus d'or, à la condition d'aller en son nom à Jérusalem, à pied, et en faisant deux pas en avant et un en arrière. Il remplit si consciencieusement sa mission que, à son retour, outre les cent écus d'or, la reine, satisfaite, lui fit délivrer des lettres d'anoblissement..... (3).

Plus brillant et plus touchant encore est le groupe légendaire des nobles femmes attirées à Jérusalem par l'amour du *Saint-Sépulcre*. De sainte Madeleine à la princesse Marianne des Pays-Bas et à la duchesse de Brabant, quelle suite, quel défilé radieux, éploré ou sublime, mais toujours charmant! Sainte Hélène portant la croix; les deux Eudocie couronnées d'or et baignées de larmes (4); la sœur et la fille de l'empereur Maurice fuyant, tout éperdues, le poignard sanglant de l'horrible Phocas (5); la sœur de l'empereur Michel III venant fonder le monastère de Saint-Georges sur le mont Sion (6); la marquise Itha d'Autriche, si mystérieusement disparue

(1) *Nouvelle biographie générale depuis les temps les plus reculés jusqu'à nos jours*, etc., publiée par MM. FIRMIN DIDOT frères, sous la direction de M. le Dr Hoefer, t. XLVI, mot *Vesale*, p. 50, 51. (Paris, Firmin-Didot, MDCCCLXVI, in-8°.)

(2) Jadis célèbre par son palais, résidence favorite des rois de la première et de la seconde race.

(3) CARLIER, *Histoire du duché de Valois*. t. II, l. VII, p. 557 (Paris, 1764, 3 vol. in-4°). Je dois ce curieux renseignement à l'honorable et excellent M. Félix de Bournonville, dont la mort prématurée a été un si grand deuil pour tous les pèlerins et amis de la Terre Sainte.

(4) COURET, *La Palestine sous les empereurs grecs*, p. 109 à 111, 119 à 133.

(5) *Menolog. græcorum, Novembre, dies 9.* (*Canisius, Antiquæ lectiones* t. VI.)

(6) *Épigraphie chrétienne de Jérusalem*, par le R. P. GERMER-DURAND, p. 565 de la *Revue biblique*, t. Ier, année 1892.

après sa première visite au *Saint-Sépulcre* (1); Théodora Commène, la veuve infidèle du roi Baudouin III dont les aventures équivoques défrayèrent longtemps la chronique scandaleuse de l'Orient latin (2); Sanche d'Aragon, fille du roi Jacques d'Aragon, qui, en 1272, se fait Sœur converse dans l'ancien hôpital Saint-Jean et se voue pour la vie au service des malades et des pèlerins (3); sainte Brigitte de Suède, la sainte aux merveilleuses extases, qui, à la veille de sa mort, entreprend ce pèlerinage de Jérusalem d'où elle ne devait plus revenir, et la duchesse Marie-Hippolyte de Calabre, fille du Sforza de Milan et belle-fille de Ferdinand d'Aragon, roi de Naples (4) ! trop heureux, du moins, de ne pas voir dans leur rève l'incendie qui, trois siècles plus tard, dans la nuit du 11 au 12 octobre 1808, devait dévorer, grâce à l'inexpiable crime des Grecs, la coupole du *Saint-Sépulcre!*

IX

LE FOU AU SAINT-SÉPULCRE (5)

1661.

Terminons par une dernière anecdote moins sentimentale et plus prosaïque, qui, même, ferait presque sourire, n'était son tragique dénouement.

(1) *Les Croisades*, par le marquis DE PASTORET, p. 22.

(2) Aboulfaradj, cité par E. REY, *Les colonies franques de Syrie aux XIIe et XIIIe siècles*, p. 106.

(3) NAKIELSKI, *Miechovia, sive promptuarium antiquitatum monasterii Miechoviensis* (Cracoviæ, 1634, in-fol.), p. 260.

(4) *Die Wallfahrt der Herzogin Maria Hippolyta v. Calabrien nach dem heiligen Lande* (1474). *Mitgetheilt von Reinhold Röhricht*, pages 12 à 16 des *Zeitschrift des Deutschen Palaestina-Vereins*, etc. *Band XIV, Heft I.* Leipzig, 1891, in Commission bei K. Bœdeker.

(5) *Mémoires du chevalier d'Arvieux*, Envoyé extraordinaire du roy à la Porte, consul d'Alep, etc., recueillis de ses Mémoires originaux, et mis en ordre avec des réflexions, par le R. P. JEAN-BAPTISTE LABAT, de l'Ordre des Frères Prêcheurs, t. II, p. 152 à 156. (A Paris, chez Jean-Baptiste Delespine le fils, MDCCXXXV, in-12.)

S'il est à Jérusalem une cérémonie auguste et touchante, c'est bien celle de la réception d'un Chevalier sur le *Saint-Sépulcre*. Plus heureux que les pèlerins d'aujourd'hui, ceux d'autrefois étaient créés Chevaliers au *Saint-Sépulcre* même, le front appuyé sur le marbre divin qui soutint, durant trois jours, le corps embaumé de Jésus (1). Ils sortaient de cette auguste cérémonie tout pénétrés de respect et d'amour, tout brûlants d'un saint transport, tout illuminés des effluves divins, pleins de gratitude et d'affection pour l'éminent religieux qui leur avait conféré cette sainte dignité, idéale récompense de leur aventureux pèlerinage. Un jour cependant, le *Saint-Sépulcre*, habitué à tant de respect et de silencieuse adoration, vit une scène inouïe, tellement ridicule à la fois et révoltante que, malgré la véracité de l'auteur qui nous l'a conservée, on se demande si ce ne serait pas plutôt une légende qu'une vérité.....

C'était à la fête de Pâques de l'année 1661, un jeune pèlerin appartenant à l'une des plus considérables familles de France, et lui-même conseiller au Parlement (probablement de Paris), sollicita l'honneur d'être armé Chevalier au *Saint-Sépulcre*. On s'empressa de souscrire à son vœu. Le P. Eusèbe Vellès, alors Gardien du mont Sion et Custode du Saint-Sépulcre, voulut bien lui conférer lui-même l'investiture. Au moment où, selon le cérémonial traditionnel, le récipiendaire devait tirer du fourreau l'épée de Godefroy de Bouillon et la remettre au Père gardien pour recevoir de sa main les trois coups symboliques, tout à coup, saisi d'un transport de fureur

(1) *Notice historique sur l'Ordre du Saint-Sépulcre de Jérusalem depuis son origine jusqu'à nos jours*, par A. COURET, ancien magistrat, avocat à la Cour d'appel d'Orléans, p. 47, 54, etc. (Extrait de la revue *La Terre Sainte*). — *Les pèlerinages d'autrefois en Terre Sainte*, par A. COURET, ancien magistrat, avocat à la Cour d'appel d'Orléans, p. 73 à 76 (Orléans, Herluison, 1893, in-12).

moitié religieuse et moitié politique, notre magistrat appuie brusquement la pointe de l'épée sur le cœur du P. Eusèbe Vellès, le menaçant de lui percer le sein s'il ne fait sur-le-champ réparation au roi de France dont la veille, aux prières de la Basilique, il s'est permis de prononcer le nom après celui du roi Philippe IV d'Espagne. Stupéfait et tremblant, le P. Vellès proteste de son zèle pour le roi très chrétien. « Cela ne suffit point », reprend l'énergumène, pointant toujours de son épée la poitrine du pauvre Père, « vous allez chanter immédiatement le psaume : *Exaudiat* tout entier! » L'infortuné religieux s'exécute. « Ce n'est pas encore assez, reprend l'insensé, je veux qu'au *Domine salvum fac* vous ajoutiez tout haut et par trois fois : *Ludovicum regem nostrum!* » Le religieux obéit et, à chaque reprise, le fou, s'exaltant de plus en plus, criait d'une voix de possédé : « Bien haut, bien haut, P. Eusèbe! Allons, redites trois fois l'oraison..... plus haut, plus haut encore!..... » Cela fait, tout fier de ce bel exploit, notre forcené sort du *Saint-Sépulcre*, sans même attendre que l'on achève sur lui les saintes oraisons de la réception chevaleresque.

Rentré plus mort que vif au couvent de Saint-Sauveur, le P. Eusèbe Vellès se plaignit à ses religieux de la violence inouïe et presque sacrilège dont il venait d'être victime. La nouvelle s'en répandit par tout le couvent. Les moines espagnols, gent hautaine et mal endurante, et les jeunes frères lais, tout frémissants de colère, se précipitèrent massue en main vers la cellule du malencontreux pèlerin, criant : « A mort, à mort, *Sale cornudo!* » et menaçant d'enfoncer la porte. On eut toutes les peines imaginables à calmer ce tumulte et l'on expédia au plus vite l'extravagant magistrat, qui, après mainte aventure, de retour à Paris, fut enfermé à la Bastille sur les instances mêmes de sa famille. Mais l'émotion fut trop vive pour le pauvre Père Vellès qui, justement, relevait d'une grave maladie. Il eut une rechute et ne tarda pas à décéder, au grand chagrin de ses religieux et des pèlerins dont il était la providence et l'oracle.

ÉPILOGUE

LA LÉGENDE DE FASDRADE

Notre tâche est achevée : nous avons déroulé tout le cycle pieux, un peu puéril et naïf parfois, mais toujours attendrissant et merveilleux, de la *Légende dorée,* de la *Légende des Siècles du Saint-Sépulcre*. Nous l'offrons de tout notre cœur aux pèlerins de Terre Sainte. Puissent-ils agréer cet humble et fraternel hommage d'un pèlerin comme eux, et, en relisant ces simples récits dans cette incomparable Basilique, Basilique martyre, sous ces voûtes augustes qui ont vu passer tant de siècles, tant d'émouvants spectacles, tant de grands personnages et d'illustres infortunes, sentir croître encore leur ardeur pour le voyage d'outre-mer, leur amour pour Jérusalem, et donner une prière à celui qui les a recueillis pour eux !

Qu'ils me permettent, en terminant, de leur proposer comme exemple et comme enseignement la charmante légende de Charlemagne et de Fasdrade.

Un jour, l'empereur Charlemagne, sur le front duquel l'histoire, la religion et la poésie s'unissent pour placer une triple couronne, perdit sa femme bien-aimée, la belle et altière Fasdrade. Son désespoir fut immense. Il ne pouvait s'arracher de la couche funèbre où reposait, parée de ses atours impériaux, dans toute la pompe du néant et la splendeur de la mort, la jeune et charmante défunte. Quand enfin, enlevée à ses embrassements, la morte eut été conduite à sa dernière demeure, dans l'église Saint-Alban de Mayence, le pauvre empereur ne pouvait s'éloigner de la voûte funèbre sous laquelle reposait le sarcophage de l'adorée. Abandonnant le soin de ses états, sourd aux clameurs de ses sujets, aux nouvelles désastreuses des frontières lui annonçant les prises d'armes des Sarrasins de l'Èbre et des Saxons de l'Elbe, négligeant absolument le soin de sa personne, le grand

empereur, faible comme une femme et larmoyant comme un enfant, passait ses jours et ses nuits à se lamenter sur le cercueil de cristal de la bien-aimée..... (1)

Supplié d'éclaircir les causes de cette douleur si intense et si invraisemblable, un saint ermite (2), caché dans les profondeurs de la Forêt-Noire, conseilla d'ouvrir le cercueil de l'impératrice (3), de prendre sous sa langue à

(1) *Histoire poétique de Charlemagne*, par Gaston Paris, p. 382 à 385 (Paris, Franck, 1865, gr. in-8°).

(2) Selon d'autres, l'évêque de Cologne.

(3) Fasdrade mourut en 794 et Charlemagne ne fut proclamé Empereur que le jour de Noël de l'année 800, mais nous sommes ici dans le domaine de la légende!

demi décomposée l'anneau d'or orné d'une escarboucle qui y était dissimulé, et de le jeter au loin dans le bassin limpide d'une source « aux pleurs profonds », versant ses eaux fumantes dans le cours de la Roër, affluent de la Meuse. Le conseil est suivi. Aussitôt, l'empereur perd sans retour son amour énigmatique, se relève comme d'un songe et, courant à la fontaine où gît le précieux anneau, il ne peut plus s'en distraire. Il y bâtit un palais, une cathédrale, une ville, il y revient sans cesse, il en fait le siège de son empire et la capitale de ses États, et telle fut, dit la légende, l'origine d'*Aix-la-Chapelle*.

Cette attraction passionnée, si persistante et si souveraine, que Charlemagne éprouvait pour le sarcophage de Fasdrade, puis pour la fontaine aux yeux verts d'Aix-la-Chapelle, nous devons la ressentir pour la Terre Sainte, cette France d'outre-mer, fille aînée de la patrie française, teinte à la fois du sang de notre Dieu et du sang de nos pères, où chacun de nous peut se dire qu'il retrouve les traces d'un ancêtre. Car, comme on l'a très bien dit, étant donné le nombre immense de nos nationaux qui ont pris part aux Croisades, tout Français, d'origine vraiment française (et non pas seulement de naissance), a eu au moins un ancêtre à ces saintes expéditions. Les uns peuvent le prouver, les autres ne le peuvent pas; mais tous, patriciens ou plébéiens, du moment où nous pouvons établir notre descendance française durant quelques générations, nous sommes vraiment les *fils des Croisés*, et, à ce titre, nous devons être à jamais *les amoureux de la Terre Sainte!.....*

FIN

TABLE DES MATIÈRES

CHAPITRE III

Basilique de Constantin Monomaque
27 septembre 1010-1130.

CHAPITRE IV

Basilique des Croisés
1130-1808.

Imp. P. FÉRON-VRAU, 3 & 5, rue Bayard, Paris.

ALBUM DE TERRE SAINTE

Complété et mis à jour.

Un gros volume in-folio (0,29 × 0,36), contenant 500 photographies avec légendes explicatives. Éditions en français seul, ou en français-anglais, ou français-allemand, ou français-espagnol.

Qui n'a pas caressé le désir d'aller un jour vénérer les Lieux Saints et en contempler les sites pittoresques? Les pèlerins assidus à la nef de l'*Étoile* sont favorisés; mais quel que soit leur bonheur, l'*Étoile* ne les laisse jouir des panoramas de l'Orient que durant quelques mois de l'année. Or, voici que la Terre Sainte s'offre à déposer chez eux, au plus beau rayon de la bibliothèque ou sur la table du salon, ce qu'elle possède de plus pittoresque en monuments, costumes orientaux, usages palestiniens... Tous ces trésors ont été recueillis avec soie par les professeurs et artistes de Notre-Dame de France à Jérusalem et délicieusement fixés sur les grands et larges feuillets de luxe de

L'ALBUM DE TERRE SAINTE.

Quand il parut pour la première fois en 1896, il fut littéralement enlevé et porté en triomphe.

La nouvelle édition est plus soignée encore que la précédente. Elle s'est enrichie d'une centaine de vues très pittoresques. Les légendes et textes sont, selon les préférences 1° en langue française seulement, ou 2° en français et anglais, 3° en français et espagnol, 4° en français et allemand.

En résumé, il ne reste aucun motif ni prétexte de retarder l'achat de

L'ALBUM DE TERRE SAINTE,

dont le prix est de **25** francs, *relié demi-bradel*, et de **30** francs, *relié grand luxe, demi-chagrin, avec coins et tranches dorées.* Port en sus : **0** fr. **80** en gare, **1** fr. **05** à domicile.

5, RUE BAYARD, PARIS, VIIIe

www.ingramcontent.com/pod-product-compliance
Ingram Content Group UK Ltd.
Pitfield, Milton Keynes, MK11 3LW, UK
UKHW021941200726
13856UKWH00005B/848

9 782013 071253